via reise tour

Nadia Al Kureischi

55 faszinierende Ausflugsziele rund um Hamburg

die man in 99 Minuten erreichen kann

Schnell mal raus

Durchatmen in der nahen Umgebung Hamburgs

Ab in den Norden

Beglückende Ausflugsziele zwischen Nord- und Ostsee

Inspiration tanken

Wunderbare Orte südlich und östlich von Hamburg

In den Harburger Bergen Höhenluft schnuppern

Entspannte kleine Auszeit

Für viele Hamburgerinnen und Hamburger ist die Stadt an Alster und Elbe ihre Traumstadt. Aber auch wer im Traum lebt, muss hin und wieder mal raus. Um die Seele baumeln zu lassen, durchzuatmen, den Kopf freizubekommen. Um mit seinen Lieben ungestört Zeit zu verbringen oder eine neue Liebe für sich zu gewinnen. Um Neues zu entdecken oder Bekanntes mit neuem Blick zu würdigen. Oder um einfach mal blau zu machen.

Für manche reicht dafür ein Ausflug in die nähere Umgebung, zum Beispiel an die Drei-Seen-Platte nach Lütjensee oder mit der Fähre rüber ins Alte Land. Andere lassen sich den Wind an der Lübecker Bucht und in Nordfriesland um die Nase wehen. Und wer genug Meeresbrise getankt hat, erlebt zwischen Nord- und Ostsee entzückende Ausflugsziele wie Plön, Eutin oder Arche Warder.

Dass die Fahrt nach Osten oder mit dem Sprung über die Elbe gen Süden lange dauert, ist nur eine gefühlte Wahrheit. Fakt ist, dass hier mit Schlossästhetik, Fachwerkstädten und Biosphärenreservaten wunderschöne Kultur- und Naturschätze warten. Alle Orte (bis auf einen) sind in maximal 99 Minuten zu erreichen, die meisten mit der Bahn, ein paar wenige zusätzlich mit dem Bus. Man ist also schnell am Ziel für einen perfekten Tag.

Zur besseren Übersicht haben wir die Ausflugsziele in drei Kapitel aufgeteilt:

Kapitel 1: Hamburger Stadtrand und Umland: Diese Ausflugsziele liegen noch in Hamburg oder sehr nah dran. Daher eigenen sie sich für einen Halbtagesausflug, sind gut mit S- und U-Bahn oder AKN zu erreichen. Sie führen an Orte, deren Reize alle Trends überdauern, zum Beispiel ins renaturierte Himmelmoor oder zur Wasserkunst Elbinsel Kaltehofe.

Kapitel 2: Ausflugsziele in Schleswig-Holstein: Hier warten gemütliche Städtchen zwischen Ost- und Nordsee wie Bad Segeberg, Plön oder Neumünster. In 99 Minuten kommt man per Bahn leider nicht ganz an die Nordsee, aber in Brunsbüttel oder Friedrichstadt ist sie sehr nah. An die Lübecker Bucht und damit an die Ostsee gelangt man hingegen schnell. Die meisten Ziele sind unkompliziert mit RB, RE, IC und ICE erreichbar und eignen sich für einen Tagesausflug.

Kapitel 3: Tolle Ausflugsziele in der weiteren Umgebung im Süden und Osten: Hier warten Märchenschlösser (Ludwigslust und Schwerin), herrschaftliche Gärten (Ludwigslust und Herrenhausen), Perlen der Fachwerkkunst (Celle) und eine echte Burg (Neustadt-Glewe). Auch für diese Ziele sollte man sich mindestens einen Tag Zeit nehmen.

Schnell mal raus

Durchatmen in der nahen Umgebung Hamburgs

1 Ahrensburger Schloss

Auf Puschen durch Rokoko und Renaissance

Direkt vor Hamburgs Haustür steht einer der eindrucksvollsten Renaissancebauten Norddeutschlands. Von einem Wassergraben umgeben thront Schloss Ahrensburg auf einer künstlich angelegten Insel. Zusammen mit dem herrlichen Park – einst barcok, später im englischen Landschaftsstil umgestaltet –, der Kirche, der Mühle und dem Marstall entstand über die exklusive Insel hinaus eine repräsentative Gutsherrenanlage für Peter Rantzau. Der Berater des dänischen Königs errichtete das Schloss als Mittelpunkt dieser Anlage um 1585 ganz im Stil der Zeit. Daher hat der prächtige weiße Bau mit den vier eindrucksvollen Türmen große Ähnlichkeit mit dem Schloss in Glücksburg.

Später gelangte das Schloss in den Besitz der Grafen Schimmelmann (bis 1938), heute ist es in der Hand einer privaten Stiftung und gibt als Museum Einblicke in die damalige Lebensweise. Auf Puschen gleitet man über kostbares Parkett durch 400 Jahre alte Geschichte, bewundert Rokokotreppe und herrschaftliche Räumlichkeiten. Die Ausstellung steht ganz im Zeichen der früheren Alltags- und Wohnkultur im Schloss. Meissener Porzellan, Möbel, Kristalllüster sind hierfür ebenso wichtige Zeugen wie das bezaubernd gestaltete Historienkabinett, das auf 16 Quadratmetern mit viel Liebe fürs Detail „aus dem Leben eines Schlosses" erzählt. Hier werden unter anderem Fragen zum Arbeitsalltag der Gutsangestellten beantwortet und die adligen Bewohner und Gäste des Schlosses anekdotenreich vorgestellt.

Bahn

- RB alle 30 Min. nach Bahnhof Ahrensburg (ab Hamburg Hbf 23 Min.) und 15 Min. Fußweg
  oder
  U-Bahn bis Ahrensburg West alle 10–20 Min. und 30 Min. Fußweg

Auto

- 24 km, ca. 39 Min.

Nicht verpassen

- Durch den Schlosspark mit Lindenallee, altem Baumbestand, Mühlenteich und Seerosen laufen
- Die 5 Min. entfernte Schlosskirche mit dem reich verzierten Eichenholzaltar und dem schönen spätgotischen Gewölbe besichtigen. Die „Gottesbuden" daneben dienten schon früh als soziale Einrichtung.

Wie war das Leben früher auf dem Gut? Die Ausstellung im Schloss berichtet davon

2 Ahrensburger Tunneltal

Revier der Rentierjäger

Auf den Pontons der 330 Meter langen Moorwanderbrücke schwankt es ein bisschen wie auf einem Boot. Gut verankert führt sie schwimmend über Moor und Hopfenbach. Rundherum wachsen Sumpfblutauge und Steife Seggen, die moosbewachsenen Stämme der Weiden- und Schwarzerlen-Bruchwälder sorgen für die schaurig-schöne Atmosphäre, die Mooren eigen ist. An warmen und ruhigen Tagen kreuzen Libellen die Brücke.

Keine Frage: Dieser Weg übers Moor ist etwas ganz Besonderes. Er führt ins 339 Hektar große Stellmoor Ahrensburger Tunneltal, wo die letzte Eiszeit einzigartige Spuren hinterlassen hat. Schmelzwasser strömte unter dem Eis entlang und bildete Hänge und Rinnen, das Tunneltal. Heute lässt sich das Naturschutzgebiet unter anderem auf zwei thematischen Rundwanderwegen erkunden.

Der Archäologe Alfred Rust hat dieses naturgeschichtliche Kleinod in den 1930er- und 40er-Jahren erforscht. Kurz hinter der Brücke sind Wallreste einer mittelalterlichen Burg zu sehen. Ausgeschilderte Waldpfade führen weiter ins Tal hinein, an den eiszeitlichen Schildrücken vorbei, am Pinnberg entlang – Fundplatz mittelsteinzeitlicher Wohnplätze –, bis zum Ende des Rundwegs am Borneck. Hier entdeckte Rust Steinsetzungen und Flintsteinwerkzeuge: Zeltlagerspuren eiszeitlicher Rentierjäger.

Infotafeln weisen auf die Sensationsfunde hin, die dem Tunneltal internationalen Ruhm einbrachten. Knochen, Pfeilspitzen und gut erhaltenes Holz sind Beweise für die weltberühmte Ahrensburger Kultur, die sich in diesem Gebiet vor 14 700 Jahren zeigte. Weitere Zeugnisse sollen hier noch schlummern.

Bahn

- U-Bahnhof Ahrensburg-West
- U-Bahn alle 10–20 Min. (ab Hamburg Hbf 38 Min.) und 2 Min. Fußweg in den Kuhlenmoorweg

Auto

- 23 km, ca. 30 Min.

Nicht verpassen

- Das Haus der Natur besuchen. Mit Naturareal, See, Ausstellung. Vom U-Bahnhof 30 Min. über den Friedhof bis Bornkampsweg 35 *www.jordsand.eu*
- Auf dem Gut Wulfsdorf nebenan gemütlich Kaffee trinken und ökologisch einkaufen

Der Blick geht weit durchs Tunneltal – was hier wohl noch schlummert?

Auf der Moorwanderwegbrücke geht's wild-romantisch ins Tunneltal

Altes Land

Radeln zwischen Obst und Elbe

Ein rosa-weißes Obstblütenmeer, dazu Prachtbauernhäuser und kunstvolle Kirchen – das Alte Land ist eine besondere Kulturlandschaft. Am schönsten ist es im größten Obstanbaugebiet Deutschlands zwischen Hamburg-Francop und Stade zur Obstblüte im Frühling und zur Erntezeit. Radtouren führen auf vielen Routen hindurch. Die Überfahrt mit der Fähre von Blankenese nach Cranz ist ein stimmiger Start.

Wunderschön an der Elbe entlang geht es auf der 35-Kilometer-Rundtour Richtung Westen zunächst auf dem Cranzer Hauptdeich. Die Fahrt führt an Obstplantagen vorbei und an den wundervollen Altländer Bauernhäusern mit den roten Ziegeln zwischen weißem Fachwerk, den Prunkpforten und den ornamental geschmückten Brauttüren. Schon früh war das fruchtbare Marschland besiedelt, aber erst die Holländer sicherten es im 12. Jahrhundert durch Deichbau dauerhaft. Als Altes Land wurde dabei bezeichnet, was fertig eingedeicht war. Am Lühedeich führt der Weg zur malerischen Hogendiekbrücke in Steinkirchen. Sie erinnert in ihrer Konstruktion an eine holländische Klappbrücke.

Und dann sind da noch die Kirchen. Allein in acht von insgesamt zehn Altländer Kirchen hat Arp Schnitger an den Barockorgeln mitgewirkt. Eine seiner besterhaltenen lässt Kunstliebhaber nach Steinkirchen pilgern. In Neuenfelde (über Mittelnkirchen und Jork erreichbar) hatte der Meister seine Werkstatt. Der Rückweg über Marschkamper Deich und Neuenfelder Hauptdeich zurück zur Fähre nach Cranz ist nun nicht mehr weit.

Bahn & Fähre

- Fähranleger Cranz
- Alle 60 Min. von Blankenese Anleger (ab Bahnhof Altona bis S-Bahnhof Blankenese 13 Min., von hier 6 Min. per Rad bis zum Fähranleger, dann 25 Min. per Fähre nach Cranz)

Nicht verpassen

- Museum Altes Land in Jork besuchen und sich über die Geschichte von Deichbau und Landwirtschaft informieren. *Westerjork 49*
- Im Café Harmshof, einer historischen Hofanlage, unter Obstbäumen gedeckten Apfelkuchen essen. *Königreicher Straße 88 | www.harmshof-koenigreich.de*

Die liebevoll gepflegten Altländer Bauernhäuser sind wahre Blickfänger

Nur ein paar der insgesamt 21 Millionen Obstbäume im Alten Land

4 Barmstedt

Kunst am Rantzauer See

Idyllisch liegt sie da, umgeben von Wasser und Seerosen – die Schlossinsel im Rantzauer See am Rand des Städtchens Barmstedt. Vom Bahnhof nähert man sich ihr immer an der Krückau entlang und hört schon von Weitem das Wasser am Gefälle der Schleuse rauschen. Wenn man an der Wassermühle steht und einen Blick hinunterwirft, stutzt man, schaut genauer und beobachtet Wilhelm Buschs Max und Moritz mitten im Wasser, die „gar nicht träge, sägen heimlich mit der Säge". Schneider Böck läuft ihnen schon mit der Elle in der Hand entgegen. Eine Kunstinstallation.

So liebevoll und detailreich ist das alles hier hergerichtet. Das Panorama des denkmalgeschützten Ensembles aus Schloss, Mühle, Gerichtsgebäuden sowie Schlossgefängnis und Remise, die heute Museum, Café, Keramikwerkstatt und Kunstatelier mit weiteren Außeninstallationen beherbergen, ist von dieser Seite des Burggrabens besonders schön.

Bevor die Grafen Rantzau ihre Residenz einrichteten, stand an dieser Stelle eine mittelalterliche Wasserburg auf mehreren Inseln inmitten eines Sumpfgebiets, umschlungen von der Krückau, die sich hier teilte. In den 1930er-Jahren wurde der Fluss schließlich begradigt und das Staubecken vor der Wassermühle errichtet. Durch Aufschüttung der Burggräben entstanden See und Schlossinsel in der heutigen Form. Ein bezaubernder Ort, wie auch der anerkannte Erholungsort Barmstedt selbst, der mit netten Lädchen und barocker Heiligen-Geist-Kirche zum Bummeln einlädt.

Bahn

- Bahnhof Barmstedt
- AKN A3 alle 40–60 Min. ab Elmshorn (ab Altona mit Umsteigen in Elmshorn 56 Min.)

Auto

- 35 km, ca. 37 Min.

Nicht verpassen

- Im ehemaligen Schlossgefängnis herrlich frühstücken, auch hinter Gittern bei Wasser und Brot, wenn gewünscht
- Eine Runde im Tretboot auf dem Rantzauer See drehen
- Im Freibad am Nordufer kostenlos in den See springen oder faul am Sandstrand liegen und entspannen

Idyllischer Blick auf die Schlossinsel im Rantzauer See

Einen Tag am See genießt man auch im Freibad

5 Besenhorster Sandberge

Zu den Hausbesetzern der Natur

Nahe Geesthacht, an der Grenze zu Hamburg, liegt das Naturschutzgebiet Besenhorster Sandberge und Elbsandwiesen. Hier erheben sich bis zu 20 Meter hohe Sanddünen, die das abfließende Wasser nach der letzten Eiszeit im Elbe-Urstromtal freigelegt hat. Rundherum erstreckt sich eine bildhübsche und artenreiche Naturlandschaft.

An den Ausläufern der Sandwiesen geht, lauscht und schaut man – ob sich einer der seltenen Vögel bemerkbar macht wie die Feldlerche oder der Wiesenpieper. Das abwechslungsreiche Gebiet aus lichtem Wald, Sandtrockenrasen, Dünen und Wiesen ist bemerkenswert. Die Nährstoffarmut der Sandberge und die Flutmulden, die sich bei Elbhochwasser füllen, haben seltene Tier- und Pflanzenarten angelockt.

Zu entdecken ist das alles auf unterschiedlichen, gut ausgeschilderten Wegen. Ein roter Pfeil weist Wanderern die Richtung, die blauen Hufeisen sind für die Reiter bestimmt. Ab und an heben Infotafeln interessante Aspekte hervor. So wird auch das Überraschendste erklärt, nämlich dass im südlichen Bereich der großen Sanddüne wie aus dem Nichts alte Laternenpfähle und riesige Ruinenreste auftauchen – Relikte einer Zeit, in der die Düneberger Pulverfabrik Waffenmunition herstellte und die Gebäude zur Tarnung bepflanzt wurden. Die Dünen waren idealer Standort, denn durch den Sand waren die Gebäude vor Explosionen geschützt. Nach dem Zweiten Weltkrieg wurden die Gebäude gesprengt. Mit den Ruinen blieb ein Lebensraum zurück, den sich fortan die Natur zurückeroberte.

Bahn & Bus

- Haltestelle Geesthacht, Am Schleusenkanal
- Bus 228 ab Bergedorf bis Altengamme Zeltplatz, dann Bus 439 (Fahrzeit ab Hamburg Hbf 53 Min.)

Auto

- 38 km, ca. 35 Min.

★ Elbinsel Geesthacht

Auf der Elbinsel Geesthacht kann man faul im Sand liegen und entspannen. Rinder weiden, Angler warten auf den Biss. Zwischen Weide, Sumpflandschaft und Wald genießt man pure Natur. Der Weg führt von der Schleuse parallel zur B 404 über einen kleinen Weg Richtung Süden.

Der Weg führt direkt durch die Sandberge hindurch

Einst hochexplosiv, heute ruhig und beschaulich

6 Boberger Niederung

Fast am Meer

Sand, überall feinster Sand. Vorn, links, rechts. Hinter der nächsten Düne wartet bestimmt schon das Meer. Aber nein, das Rauschen kommt von den Birken, das glucksende Lachen von den Kindern. Die mächtigen 30 Meter hohen Boberger Sanddünen sind die letzten Binnenwanderdünen, die es in der Hansestadt noch gibt, und bei deren Anblick einem die Sinne schwirren. Bis ins 19. Jahrhundert erfreute man sich zwischen Berliner Tor und Bergedorf an den Dünen, bevor der Sand für Baumaßnahmen abgetragen wurde. Strandhafer verhindert heute, dass die letzten verbliebenen Dünen sich für immer davonmachen.

Moor, Marsch, Trockengebiete und Binnendünen, die sich hier im Elbe-Urstromtal gebildet haben, bieten die besten Voraussetzungen für Tiere und Pflanzen. So gehört die 350 Hektar umfassende Boberger Niederung mit ihren Heiden, Magerwiesen und Bruchwäldern, Schilf, Weide- und Brachflächen inzwischen zu einem der artenreichsten Naturschutzgebiete der Stadt. Braunkehlchen, Graureiher, Eisvogel sichtet man hier neben vielen Nachtigallen. Orchideen wachsen auf den Geestterrassen und die hiesigen Schmetterlinge sind einzigartig. Diese Balance sehen Umweltschützer jedoch bedroht durch das zweitgrößte Stadtentwicklungsvorhaben nach der Hafencity, das Hamburg plant. Auf Naturflächen südöstlich der Boberger Niederung soll mit Oberbillwerder ein neuer Stadtteil für 15 000 Menschen entstehen.

Die ausgeschilderten Wege sind schlecht markiert, man besorgt sich am besten einen Umgebungsplan aus dem Boberger Dünenhaus.

Bahn

- S-Bahnhof Mittlerer Landweg
- S-Bahn alle 10 Min. (ab Hamburg Hbf 14 Min.)
  und 30 Min. zu Fuß zum Dünenhaus, Boberger Furt 50

Auto

- 15 km, ca. 22 Min.

Nicht verpassen

- Pause auf der Aussichtsterrasse des Segelfliegerclubs im Gelände einlegen und bei Kaffee und hausgemachtem Käsekuchen den Fliegern hinterherschauen
- Im Boberger See am nordöstlichen Ufer baden. Aber Achtung: An Abbruchkanten in Ufernähe geht es tief hinunter!

Das Paradies der Artenvielfalt liegt im Osten von Hamburg

7 Buxtehude

Märchen- und Hansestadt

Auf der anderen Seite der Elbe, wo das Alte Land beginnt, liegt zwischen Neugraben und Stade die zauberhafte Märchenstadt Buxtehude. Fachwerkhäuser, lauschige Gassen, einladende Cafés und maritimes Flair zeichnen das mittelalterliche Zentrum der Hansestadt an der Este aus. Überall begegnet man den Maskottchen Hase und Igel, deren sagenhafter Wettlauf von den Brüdern Grimm einst in ihre Märchensammlung aufgenommen wurde und die Stadt als Endpunkt der durch Deutschland verlaufenden Märchenstraße auszeichnet.

Zur Blüte brachte Buxtehude allerdings kein Märchen, sondern die Zeit der Hanse. Die 1285 vom Bremer Erzbischof errichtete Stadt galt als die modernste Hafengründung Deutschlands. Stattliche Bürgerbauten wie eines der ältesten Häuser von 1548 in der Langen Straße mit gotischem Portal oder das Giebelhaus in der Kirchenstraße aus dem 17. Jahrhundert sind Zeugnisse einer florierenden Handelsära. Eng und verwinkelt war die Bebauung, rund um den Stavenort bestehen die Häuser teilweise aus Resten der Stadtmauer. Hier verläuft mit der Has-und-Igel-Twiete die schmalste Gasse der Stadt.

Die Flethanlage, der ehemalige innerstädtische Hafen, ist noch immer das Herzstück Buxtehudes. An der Gracht, die die Este durch die Stadt lenkt, dümpelt der alte Ewer *Margareta* und erinnert an die Schifffahrt auf der Niederelbe. Hier am Westfleht wacht auch der letzte der fünf Stadttürme über die Stadt, der Marschtorzwinger. Im gesamten Zentrum trifft man auf Skulpturen und Kunstinstallationen, die die Geschichte Buxtehudes auf ihre Weise abbilden – eben märchenhaft kreativ.

Bahn

- S-Bahnhof Buxtehude
- S-Bahn alle 10–40 Min. (ab Hamburg Hbf 24 Min.)

Auto

- 52 km, ca. 48 Min.

Nicht verpassen

- Im Café Entlein auf Liegestühlen den Enten im See beim Tauchen zuschauen. *Am Geesttor 22 | www.entlein-buxtehude.de*
- Im Kulturforum eine der erstklassigen Ausstellungen regionaler Künstler besuchen. *Hafenbrücke 1 | www.kulturforum-hafen.de*

Der Flethenkieker – Hommage an den Berufszweig, der früher übers Wasser wachte

8 Duvenstedter Brook

Naturschauspiel zu jeder Jahreszeit

Knackige Minusgrade bei Sonnenschein. Eiskristalle funkeln auf Bäumen und Gräsern. Ein seltener Wintertag in Hamburg. Da, ein Hirsch! Er ist vorbeigehuscht, bevor der Auslöser der Kamera gedrückt ist. Wem die majestätischen Tiere beim Spaziergang im Naturschutzgebiet Duvenstedter Brook zu dieser Jahreszeit über den Weg laufen, kann sich glücklich schätzen, auch ohne Foto. Denn ihr Revier ist groß (780 Hektar) und erstreckt sich auch über den Hansdorfer Brook, der sich im Osten in Schleswig-Holstein anschließt. Die Tiere verirren sich nur selten zu den Ausflüglern.

Im September und Oktober sieht das zur großen Brunft ganz anders aus. Dann kündet das Röhren der Tiere von ihrer Präsenz. Man wird Zeuge, wie der Paarungswille vehement zum Ausdruck gebracht und der Konkurrent in die Flucht geschlagen wird. Ein Naturhighlight, so beschreibt es der NABU, der im *BrookHus* über das Areal informiert.

Auch bei eisigen Temperaturen wird einem nicht kalt auf den vielen Wegen im „Bruch" (Brook), wo die Bäume im Überflutungsbereich von Ellerbek und Röthbek stehen. Die Bäche schlängeln sich durchs Gelände. Gräben und Drainagen hingegen sind Relikte aus der Zeit, als das Moor, das den Duvenstedter Brook geprägt hat, trockengelegt wurde. Doch die Natur ist zurück. In den Teichen tummeln sich heute Amphibien und Libellen. Und wenn im Herbst und Frühling die Abenddämmerung einsetzt, kann man beobachten, wie unzählige Stare herbeifliegen und es sich im Schilf für die Nacht gemütlich machen. Der Duvenstedter Brook ist zu jeder Tages- und Jahreszeit ein Naturerlebnis.

Bahn

- U-Bahnhof Ohlstedt
- U-Bahn alle 10 Min. (ab Hamburg Hbf 36 Min.) und 30 Min. zu Fuß durch den Wohdorfer Wald

Auto

- 22 km, ca. 35 Min.

Nicht verpassen

- Kraniche beobachten: Ab Februar kommen die Vögel aus ihren Winterquartieren zurück. Ihre Balztänze sind beeindruckend.
- Im *BrookHus* am Eingang zum Brook stöbern: Infomaterialien, wechselnde Ausstellungen, Nistkästen und hübsche Postkarten

Bruchwald ist ein markantes Zeichen des Duvenstedter Brooks

Ihr Revier - das Rotwild ist hier zu Hause

9

Fährmannssand

Große Pötte und flinke Vögel

Schiffe gleiten vorüber, Schafe blöken, Graugänse stürzen sich lauthals in den Schwarmflug. An der Elbe bei Fährmannssand zwischen Wedel und Hetlingen setzt Urlaubsgefühl ein. Die fruchtbaren Marschböden sind Vogelrevier, über 160 Arten sollen hier brüten oder rasten.

Der Deich, der in Wedel an der Schulauer Straße beginnt, schützt die gesamte Westküste Schleswig-Holsteins. Von hier aus kann man kilometerweit an der Elbe spazieren oder Rad fahren. Am ruhigsten läuft es sich auf der Deichkrone zwischen den Schafen, die sich aber nicht weiter an den Besuchern stören.

Es geht am jüngst sanierten Sperrwerk vorbei, wo Hetlinger Binnenelbe und Wedeler Au in die Elbe fließen. Ein neu eingerichteter Infobereich mit Schautafeln gibt Auskunft über den Küstenschutz.

Man freut sich am Ausblick: links auf die Schiffe, davor das Fährmannssander Watt; rechts auf die Marsch. Wind weht fast immer und Drachen flitzen am Himmel, wenn man sich der Landgaststätte Fährmannssand nähert. Früher war das eine Insel, bis Ende des 18. Jahrhunderts die Hetlinger Binnenelbe versandete. Heute genießt man auf der windgeschützten Terrasse des Gehöfts hinter dem Deich hausgemachte Obstkuchen oder die legendären Bratkartoffeln und denkt darüber nach, wie das war, als die Sturmfluten das Haus noch völlig einschlossen.

Wer direkt an der Elbe sitzen möchte, läuft drei Kilometer weiter bis zur Hetlinger Schanze. Der hiesige Sandstrand ist zwar kein Geheimtipp mehr, aber ein ruhiges Plätzchen zum Schiffegucken findet man hier immer.

Bahn

- S-Bahnhof Wedel
- S-Bahn alle 10–20 Min. (ab Altona 27 Min.) und 20 Min. Fußweg bis Deichstraße

Auto

- 18 km, ca. 27 Min.

NABU Vogelstation

In der NABU Vogelstation Wedeler Marsch, ein paar Schritte hinter der Gaststätte Fährmannssand, kann man sich über die Wedeler Vogelwelt informieren und an den Beobachtungsständen die Tiere erleben. *www.hamburg.nabu.de/natur-und-landschaft/vogelstation-wedeler-marsch*

An der Hetlinger Schanze kann man dem Alltag den Rücken kehren

10 Freilichtmuseum am Kiekeberg

Wo Geschichte lebt

Unter dem Motto „Gelebte Geschichte“ werden im Freilichtmuseum am Kiekeberg Alltags- und Arbeitsleben in Marsch und Heide von 1600 bis in die 1970er-Jahre anschaulich gemacht. Welche technischen Hilfsmittel standen zur Verfügung, wie gestaltete sich der wirtschaftliche Aufschwung nach dem Zweiten Weltkrieg?

Acker- und Weideflächen, Streuobst- und Bauernwiesen sind auf 12 Hektar angelegt. Pommersche Gänse schnattern, Bentheimer Schweine grunzen. Geschulte Darsteller zeigen in Höfen und Scheunen, wie in der vorindustriellen Zeit gewebt, gebacken, gedrechselt und geschmiedet wurde. Das Agrarium widmet sich der Entwicklung der Lebensmittelproduktion, weitere Ausstellungen unter anderem dem Freizeitbereich. Die tolle Museumskulisse nutzen auch Kreativmärkte regelmäßig.

Das älteste Gebäude ist ein Bauernhof von 1560, das jüngste ein QUELLE-Fertighaus von 1966. „Königsberger Straße. Heimat in der jungen Bundesrepublik“ – so heißt das aktuellste Projekt, das die Kulturgeschichte der Nachkriegszeit beleuchtet. Dabei geht es schwerpunktmäßig um die Neuansiedler, die sich nach dem Zweiten Weltkrieg hier eine neue Heimat aufbauten. Straßenlaternen, Litfaßsäule und Telefonzelle sind ausgestellt, sogar eine Tankstelle aus den 1950er-Jahren. Das (rekonstruierte) Siedlungsdoppelhaus zeigt seit 2020 eine Ausstellung zum Thema. Jüngst erst kam ein Flüchtlingssiedlungshaus von 1955 aus dem nahen Tostedt per Tieflader hinzu. Nach der Restaurierung soll das Haus 2023 eröffnet werden. Am Kiekeberg auf Entdeckungstour zu gehen, wird also nicht langweilig.

Bahn & Bus

- Haltestelle Museum Kiekeberg
- Bus 340 ab S-Bahnhof Neuwiedenthal (ab Hamburg Hbf 48 Min.)

Auto

- 22 km, ca. 26 Min.

Nicht verpassen

- Im Rösterei-Café Koffietied im Agrarium einen handgerösteten Kaffee aus dem Kaffeeröster von 1932 kosten
- Im Museumsladen mit Jugendstileinrichtung von 1911 nach historisch inspirierten Geschenken stöbern

Am Bauernleben mit Tiernachwuchs erfreuen sich die Kleinen

Landtechnik alter Zeiten lässt die Herzen höherschlagen

11 Friedrichsruh

Märchenhafter Sachsenwald

Es duftet würzig, erdig, nach Laub. Humus federt unter den Füßen, ringsherum Stille und waldige Dämmerung. Ab und zu verirrt sich ein Sonnenstrahl durch das dichte Baumgeäst. Hier, auf dem Schlangenweg, präsentiert sich Wald so, wie man ihn sich als Kind vorstellte, als Bilderbuchwald: Buchen, Fichten, überall Grün, und kaum ein Mensch unterwegs.

In dieses märchenhafte Gelände im Sachsenwald hinter Hamburgs Stadtgrenze gelangt man, wenn man am Bahnhof Aumühle die Bundesstraße überquert und in Richtung Mühlenteich geht, ein aufgestauter Zufluss der Bille, die die Gegend mit Wasser versorgt. Hier ist der Weg nach Friedrichsruh markiert, der in 30 Minuten in diesen Teil im Süden des größten Waldgebiets Schleswig-Holsteins führt, das eng mit der Familie von Bismarck verknüpft ist.

Großzügig war das Geschenk, das Kaiser Wilhelm I. seinem Reichskanzler Otto von Bismarck 1871 damit und mit dem Fürstentitel für dessen Verdienste machte. Das Bismarckmuseum in Friedrichsruh erinnert an den Kanzler. Noch heute residieren die von Bismarcks am Schlossteich neben dem Garten der Schmetterlinge, wo auf der anderen Seite der Bahntrasse das Mausoleum des Reichskanzlers steht. Der Schlangenweg führt daran vorbei.

Und dann ist man da: tief im Wald. Fühlt sich gegenüber den mächtigen Buchen demütig und klein, schärft alle Sinne. Hier verläuft der schmale Pfad in Schlangenlinien auf und ab durch die Aumühler Grüben. Man ist fast ein wenig traurig, dass nach sechs Kilometern Schluss ist. Aber auf den fünf anderen ausgeschilderten Touren kann man ja weiter herrlich im Sachsenwald baden.

Bahn

- S-Bahnhof Aumühle
- S-Bahn alle 20–30 Min. (ab Hamburg Hbf 32 Min.)

Auto

- 27 km, ca. 35 Min.

Nicht verpassen

- Den Garten der Schmetterlinge und seine beeindruckende Anlage am Schlossteich besuchen *www.gartenderschmetterlinge.de*
- Wildgerichte der Region im Forsthaus Friedrichsruh probieren *www.forsthausfriedrichsruh.de*

Otto von Bismarck ließ sich im Sachsenwald begraben

Auf Tour Nummer 6 durch den Märchenwald bei Friedrichsruh

12 Hahnheide

Es geht hoch hinaus

Stufe um Stufe geht es höher, 27 Meter, mitten im Wald bei Trittau. Auf jeder Etage eröffnen sich neue Perspektiven auf das üppige Grün der alten Buchen, Fichten und Kiefern. Und dann steht man endlich oben und genießt den wunderschönen Ausblick über die Hügellandschaft der Stormarner Schweiz. Die Hamfelder Mühle im Süden ist zu sehen und durchs Fernglas erkennt man Hamburg, Kirchturmspitzen, den Fernsehturm.

Der Blick ist weit vom „Langen Otto“, der auf dem Großen Hahnheider Berg steht und die höchste Aussichtsplattform dieser Art in der Gegend ist. Dem ehemaligen Trittauer Bürgermeister Otto Hergenhan zum Dank erhielt der Turm seinen Namen. Er steht im östlichen Teil des 1 500 Hektar großen Heidewaldgebiets. Vom Startpunkt im Westen erreicht man ihn in etwa einer Stunde auf gut ausgeschilderten Wanderwegen. Ein Stück der Strecke führt über den historischen und denkmalgeschützten Handelsweg, den Hohenfelder Damm, der im 18. Jahrhundert Trittau im Süden mit Hohenfelde im Norden verband und den Wald einmal längs durchschneidet.

Seit 1938 steht der Wald unter Naturschutz. Inzwischen werden einige Bereiche als Naturwald gehalten, in dem sich das Ökosystem frei entfalten kann. Man wandert auf gut markierten Wanderwegen über Pfade und Forstwege an Teichen, Bächen und Tälern vorbei und erlebt ein Gefühl von Ursprünglichkeit: Von Moos bewachsene Baumstämme liegen herum, in ihren Höhlen klappert und raschelt es.

Bahn & Bus

- Haltestelle Trittau, Alter Markt
- Bus 364 ab Bahnhof Rahlstedt (ab Hamburg Hbf 65 Min.) und 10 Min. Fußweg bis zum Beginn des Naturschutzgebiets Hahnheide, Am Sängerberg

Auto

- 35 km, ca. 33 Min.

Nicht verpassen

- Ausstellungen und Galerie im Kulturzentrum der historischen Wassermühle Trittau besuchen
  Am Mühlenteich 3 |
  www.wassermuehletrittau.de
- Wanderpause im 200 Jahre alten Stahmer Landgasthof in Hohenfelde einlegen
  Haus 6 |
  www.landgasthof-stahmer.de

Vom Langen Otto betrachtet man die Welt aus neuer Perspektive

13 Harburger Berge

Gipfelfeeling vor Hamburg

Südlich der Elbe geht's in die Berge. Zugegeben, Höhenverhältnisse wie im Harz oder noch weiter im Süden findet das Wanderherz hier nicht. Für Ausflügler aus der Hansestadt jedoch bieten die Wandertouren in dem waldreichen Höhenzug, der sich auf bis zu 155 Meter Höhe von Hausbruch über die Fischbeker Heide in Hamburg bis nach Buchholz in der Nordheide erstreckt, einen kleinen Alpinkick. Und einen Superlativ: Denn Hamburgs höchste Erhebung, der 116 Meter hohe Hasselbrack, liegt natürlich hier – wo sonst?

Der Weg dorthin ist aus Umweltschutzgründen nicht ausgeschildert, um die Tierwelt hier nicht zu stören. Wer's mit GPS und Instinkt dennoch schafft, trägt sich zufrieden ins Gipfelbuch ein. Einen weiten Blick darf man nicht erwarten, dazu ist der Wald zu dicht.

Entstanden ist der Höhenzug aus Moränenablagerungen der letzten Eiszeit. Einige stattliche Findlinge, ehemaliges Gletschergeröll aus Skandinavien, liegen wie hindrapiert an den Wegen. Andere dienen als lehrreiche Anschauungsobjekte für Geologie und Geschichte, zum Beispiel auf dem Findlingspfad an der Groß-Modder-Eiche im Süden. Sagenumwoben ist hingegen der imposante Karlstein. Seine außergewöhnliche Form regt die Fantasie so sehr an, dass eine Legende gern kolportiert wird: Karl der Große soll während der Sachsenkriege an dieser Stelle kraftvoll seinen Willen zum Sieg bekundet haben, indem er einfach den Fels spaltete. Die im Stein verewigten Tatzen- und Hufeisenspuren sollen von Lieblingshund und -pferd stammen, mit denen er in den Krieg zog.

Bahn & Bus

- Haltestelle Wildpark Schwarze Berge
- Bus 340 ab S-Bahnhof Neuwiedenthal (ab Hamburg Hbf 42 Min.)

Auto

- 24 km, ca. 30 Min.

Nicht verpassen

- Im Wildpark Schwarze Berge über hundert Tiere in ihren weitläufigen Gehegen besuchen. *Am Wildpark 1 | www. wildpark-schwarze-berge.de*
- Beim Naturschutz-Infozentrum Fischbeker Heidehaus dem Archäologischen Wanderpfad zu 3 000 Jahre alten Begräbnisstätten folgen. *Fischbeker Heideweg 43*

Wunderbar entspannende Atmosphäre in den Bergen

Im Wildpark Schwarze Berge kommt man nicht nur den Rehen ganz nah

14

Himmelmoor

Wo die Natur wieder zum Zuge kommt

Beim Ausflug ins Himmelmoor ist schon der Weg dorthin ein Erlebnis. Denn vor der Erkundung des größten Hochmoors in Schleswig-Holstein (600 Hektar) gewinnt man auf der Strecke vom Bahnhof Quickborn Einblicke in die hiesige Torfindustrie. Jahrhundertelang griffen die Menschen in diesen Lebensraum ein. Zwar verordnete der dänische Landesherr noch 1813, das Himmelmoor in seinem natürlichen Bestand nicht zu gefährden und auszubeuten, doch die neue Bahnverbindung Kiel–Altona hat Mitte des 19. Jahrhunderts den Abbau im großen Stil ermöglicht, auch lange mit Kriegs- und Strafgefangenen.

Man folgt in umgekehrter Richtung der Route, die die Torfbahn vom Werk zum Verladen des Rohstoffs bis in die 1970er-Jahre genommen hat – und staunt, führten die Gleise doch mitten durch eine Siedlung und teilweise so dicht an den Grundstücken entlang, dass Lärmschutz kaum möglich war.

Wenig später federn die Füße über den Torfboden. Ein Moorlehrpfad führt kundig auf Wander- und Bohlenwegen durchs heutige Naturschutzgebiet. Verschiedene Aussichtspunkte gewähren eine wunderbare Sicht auf das Moor. Man sieht das Wollgras wehen, lernt, den Faulbaum zu erkennen und schaut den Brachvögeln bei ihrem Beutefang zu. Und man erfährt, dass der Torf an manchen Stellen bis zu zehn Meter hoch war. Seit 2020 ist der Abbau eingestellt und die schon vorher in Angriff genommene Renaturierung lässt Pflanzen- und Tierwelt aufatmen.

Bahn

- Bahnhof Quickborn
- AKN alle 20 Min. ab Hamburg Eidelstedt (ab Altona 39 Min. mit Umsteigen in Eidelstedt), dann 30 Min. Fußweg

Auto

- 30 km, ca. 30 Min.

Nicht verpassen

- Auf eine von Ehrenamtlichen organisierte einstündige Exkursionsfahrt mit der historischen Lore gehen *www.torfbahn-himmelmoor.de*
- Der Förderverein Himmelmoor bietet dreistündige Exkursionen an *www.foerderverein-himmelmoor.de*

Mit Fernglas kann man stundenlang von einer Aussichtsplattform der Tierwelt zuschauen

Die Torfindustrie hat ihre Relikte hinterlassen

15

Klövensteen

Durch den größten Wald im Westen Hamburgs

Reiter, Kinder, Jogger, Wanderer und Radler: Hamburgs Westen liebt den Klövensteen. Bei gutem Wetter ist er schnell belebt trotz der vielen Wege, die sich durch den Forst ziehen. Doch in den Morgenstunden oder bei tief stehender Sonne am späten Nachmittag offenbart das 580 Hektar große Waldgebiet, das sich von Sülldorf bis Rissen und über Teile Schleswig-Holsteins erstreckt, all seine Schätze. Stundenlang läuft man auf den Forstwegen und Pfaden durch das Areal. Flächen von Laub- und Nadelwald wechseln sich mit Moorsenken und Lichtungen ab. Man beobachtet Schwarzspechte und Uhus, sogar Kraniche brüten in den Wiesenflächen. Im Herbst geht's auf Pilzsuche, im Winter locken die Fischteiche zum Schlittschuhlaufen.

Die Naturvielfalt wurde erst durch Aufforstung im 19. Jahrhundert möglich. Bis zum Mittelalter erstreckten sich in dem Gebiet Moore und Binnendünen, Relikte dieser Sandgebilde sind die Holmer Sandberge bei Wedel. Heute gibt es Überlegungen, aus Teilen des Forsts einen Naturwald zu machen, der sich selbst reguliert.

Eine beliebte Tour durch den Klövensteen beginnt am Rissener Bahnhof und führt über das Wildgehege, in dem unter anderem Wildschweine, Mufflons und Hirsche leben, bis zum Naturschutzgebiet Schnaakenmoor. Hier fühlen sich stark gefährdete Arten wohl: Kreuzotter, Moorfrosch, Kreuz- und Knoblauchkröte. Und natürlich die Mücke, der das Moor seinen Namen verdankt. Immer wieder gibt es Pläne, den Klövensteen touristisch weiter zu erschließen, die jedoch bisher an wachem Bürgerengagement gescheitert sind.

Bahn

- S-Bahnhof Rissen
- S-Bahn alle 10–20 Min. (ab Hamburg Altona 22 Min.)

Auto

- 14 km, ca. 23 Min.

★ Restaurant KDW

Nach der Wanderung urig-gemütlich in dem kleinen, aber feinen Restaurant KDW (Abkürzung für: Karsten Döring's Waldgasthaus) regionale Küche mit mediterranen Einflüssen probieren oder sich bei einem heißen Kakao und leckerem Kuchen aufwärmen. *www.restaurant-kdw.de*

Nach langer wirtschaftlicher Nutzung ist im Schnaakenmoor die Natur zurück

16

Lütjensee

Frischwasserkur

Ein Tag am Natursee Lütjensee in der Stormarner Schweiz bei Trittau ist wie ein Urlaub ums Eck. Die Sonne spiegelt sich im Wasser, Schwimmer planschen und irgendwo raschelt das Schilf, wenn man von der Bushaltestelle hinunter zum Westufer gelaufen ist und direkt am See das kurze Stück zum Nordufer geht. Auf der Liegewiese, auf dem Campingplatz, auf den Spazier- und Radelwegen sowie in den umliegenden Restaurants mit Seeblick ist es im Sommer geschäftig, doch immer auch beschaulich.

Schon Mitte des 19. Jahrhunderts war die Gemeinde Lütjensee begehrtes Naherholungsgebiet für stadtgeplagte Hamburger. Als Teil der Drei-Seen-Platte, zu der auch der Mönchsteich und der Großensee weiter südlich gehören, zeichnet den Lütjensee sehr sauberes Wasser aus.

Mit 34 Hektar ist er zwar nicht der größte der Seen, für einen Tagesausflug jedoch am abwechslungsreichsten. Wanderer erobern ihn sich bei einer Rundtour, am besten vom Nordufer aus. Zehn Kilometer ist man unterwegs. Im Osten führt der Weg etwas weg vom See, durch schönen Buchenwald, an einem Wildgehege vorbei, in dem Rehe grasen. Mit einem Schlenker geht's am Moor Kranika entlang, am Schwanenteich im Süden vorbei und am Westufer durch den Ort Lütjensee.

Am Nordufer und an einigen versteckten Stellen kann man baden. Wildromantischer ist ein Bad hingegen am kleineren Mönchsteich (24 Hektar). Badestellen oder Freibad wie am Großensee (75 Hektar) sind hier nicht angelegt, am besten springt man am Ostufer ins Wasser.

Bahn & Bus

- Haltestelle Lütjensee, Dornredder
- Bus 764 ab U-Bahnhof Kiekut (ab Hamburg Hbf 63 Min.)

Auto

- 31 km, ca. 31 Min.

Nicht verpassen

- Rudern auf dem Lütjensee. Boote sind im Bootshaus der Fischerklause am Südufer zu mieten. *www.fischerklause-luetjensee.de*
- Im Seehof am Lütjensee in lauschiger Atmosphäre Fisch aus eigener Zucht speisen *www.seehof-luetjensee.de*

Eine idyllische Bootstour regt die Sinne an

17

Reinbek

Renaissanceschloss an der Bille

Wie zur Begrüßung steht es da und empfängt die Reisenden, die aus dem Bahnhof treten: das Reinbeker Schloss, malerisch am Mühlenteich gelegen. Als Lustschloss 1572 im holländischen Stil erbaut, im 19. Jahrhundert durch keinen geringeren als den Stararchitekten Christian Frederik Hansen vor dem Abriss gerettet, ist das Schloss heute der Öffentlichkeit als Kulturzentrum zugänglich. Innen beeindrucken die kunstvoll gestalteten Holzdecken und Wandbemalungen, draußen im Schlossgarten die uralten Bäume: Blutbuche, Douglasie und der riesige Lebensbaum.

Den schönsten Fotoblick auf die Renaissanceperle gibt es vom Südufer aus. Hier beginnt auch der Rundwanderweg in das Herz des stilleren Reinbek, wo die Bille, die den Mühlenteich aufstaut, mäandert. Erst geht es durch die Straße Am Mühlenteich ein Stück hinauf, wo der Teich hinter Häusern und Bäumen verschwindet, dann links in den Wald hinein. Und schon sieht man hinunter und erblickt wieder Wasser – die Bille, die sich um kleine Naturinseln schlängelt. Gegenüber am Ufer liegen Boote, vertäut an Stegen vor herrschaftlichen Villen mit direktem Zugang zum Gewässer.

An der Wegkreuzung geht man links den Pfad hinunter und quert den Fluss über die Bauerbrücke, um weiter über Bucht- und Bahnsenallee zurück zum Schloss zu gelangen. Dabei passiert man weitere großzügig um Wasser angelegte Gärten. Hier zeigt sich das Reinbek, das entstanden ist, als der Ort Mitte des 19. Jahrhunderts durch die neue Bahnstrecke Hamburg–Berlin zum beliebten Ausflugsziel und Wohnort der Hamburger im Grünen wurde. Das Flair einer Sommerfrische hat sich gehalten.

Bahn

- S-Bahnhof Reinbek
- S-Bahn alle 20 Min. (ab Hamburg Hbf 25 Min.)

Auto

- 22 km, ca. 24 Min.

Waldhaus Reinbek

Mitten im Grünen lässt sich hier herrlich ein Mittagessen auf der Terrasse genießen. Serviert werden kreative Gerichte und bewährte Klassiker, regionale Köstlichkeiten und internationale Spezialitäten.
In der Loddenallee, über die Bille Richtung Hamburg | www.waldhaus.de

Das bescheidene Schloss am Mühlenteich hat wunderschöne Innenräume

Loslaufen und die Ufer entdecken – der Mühlenteich hat es in sich

18

Stade

Wo die Welt im Alten Land vor Anker ging

Dort, wo das Alte Land fast zu Ende ist, bezaubert die Hansestadt mit historischem Fachwerk, maritimem Flair und zahlreichen Zeugnissen einer bewegten Geschichte als einstige Handelsmetropole. Man lässt sich treiben durch verwinkelte Gassen und die historische Einkaufsmeile Hökerstraße, in der schon vor Jahrhunderten Kleinhändler (Höker) und Krämer ihre Geschäfte hatten. Oder auf dem Wasser des Burggrabens, der die Altstadt auf dem Geestsporn fast vollständig umgibt. Man staunt über detailverliebte Fassaden alter Kaufmannshäuser, ein Insel-Freilichtmuseum und Kirchen mit barocken Schätzen. Kaum vorstellbar, dass Stade 1659 fast vollständig niederbrannte. Ein intelligenter Wiederaufbau im alten Grundriss ließ die Wunden schnell heilen.

Die Lage an der Schwinge und die Nähe zur Elbe vor Hamburg begründeten den Reichtum der Stadt, die 1002 an der Stelle einer von Wikingern zerstörten Burg errichtet wurde und 350 Jahre lang (1267–1601) der Hanse angehörte. Hier kreuzten sich wichtige Handelswege über die Elbe nach Skandinavien und über Land zum Lüneburger Salz, dem „weißen Gold". Das machte Stade so begehrenswert. Bremer Erzbischöfe und welfische Grafen konkurrierten um den Flecken. Stade war Hauptstadt der Herzogtümer Verden und Bremen, die Schweden bauten die Stadt in ihrer 70-jährigen Regentschaft von 1645 an zur Festung aus. Mit Hamburg lieferte sich Stade einen erbitterten Konkurrenzkampf um die Handelsmacht an der Elbe.

So ist denn auch der Hansehafen am alten Fischmarkt das Herz der

Bahn

- S-Bahnhof Stade
- S-Bahn alle 10–40 Min. (ab Hamburg Hbf 61 Min.)

Auto

- 52 km, ca. 60 Min.

Nicht verpassen

- Die Stadt mal anders erleben: Beim Stand-up-Paddling den Burggraben erobern. *Salztorswall 8 | www.supclubs.de/stade*
- Im Altstadtcafé Stade im Hökerhus, einem der ältesten Kaufmannshäuser Stades, leckere Torte schlemmen. *Hökerstraße 29 | www.altstadtcafe-stade.de*

Beim Einkaufsbummel kann man schon mal die Zeit vergessen

Über den Burggraben hat man eine schöne Perspektive auf die Stadt

Stadt (der Stadthafen etwas nördlicher wurde Ende des 19. Jahrhunderts angelegt). Immer wieder werden bei Arbeiten spektakuläre Funde im Hafenbecken geborgen, die Stades historische Bedeutung beleuchten, darunter alte Münzen, Schmuck und Utensilien von Pilgern auf dem Jakobsweg. Ausgestellt werden sie im Museum Schwedenspeicher, dem mächtigen Klotz am Hafeneingang, in dem früher Proviant gelagert wurde.

Das Fachwerk zu beiden Seiten des Hafens ist ein Ensemble aus Kaufmannsbauten an der Westseite und einfacheren Wohnhäusern der Fährschiffer und Kapitäne an der Ostseite. In einem der zahlreichen Cafés genießt man hier die Aussicht. Der Eyecatcher, das Bürgermeister-Hintze-Haus, ist zwar ein „Neubau“ von 1933, aber seine Sandsteinfassade wurde mit Elementen aus der Ursprungsfassade von 1621 gestaltet und bietet eine wunderschöne Ornamentik im Stil der Weserrenaissance. So viel Historie will verarbeitet werden: Am Stade Beach am Holzhafen kann man auf dem Gelände des SUP Club bei einem Drink entspannen.

Der Hansehafen lädt zu einem entspannenden Bummel ein

Orgelstadt Stade

Die Hauptkirchen St. Cosmae et Damiani und St. Wilhadi beherbergen Orgelschätze. Die Huß-/Schnitger-Orgel in St. Cosmae ist ein barockes (Schnitz-)Kunstwerk. Kurz nach Fertigstellung 1675 starb Meister Berendt Huß. Geselle Arp Schnitger (ein Neffe oder Vetter von Huß) übernahm das Geschäft und führte seine Orgelbaukunst zur Meisterschaft. Für St. Wilhadi vollendete er das vom Verstorbenen begonnene Werk. Doch im 18. Jahrhundert wurde die Orgel durch einen Blitzeinschlag vernichtet. Das rief einen anderen Meister auf den Plan: Erasmus Bielfeldt schuf hier bis 1736 eine der bedeutendsten Orgeln ihrer Zeit.

Freilichtmuseum auf der Insel

Mitten im Burggraben steht seit über hundert Jahren ein Freilichtmuseum mit Gebäuden aus der Region, die über die Geschichte der Elbmarsch informieren. Highlight ist das Altländer Haus (1733) mit prächtigem Eingangsbereich und stattlichem Giebel. Mensch und Tier lebten unter einem Dach. Das Museum steht auf dem Bleicher-Ravelin und ist damit Teil der von den Schweden errichteten Festungsanlage mit Burgwällen und Außenanlagen. Ursprünglich bleichten die Stader vor der Stadt auf den Wiesen hier ihre Wäsche.
Auf der Insel 2 | www.museen-stade.de/freilichtmuseum

19

Vierlande

Per Rad über die Deiche spieken

Eine Vierländer-Fahrradtour ist ein Ausflug in den ländlichen Charme Hamburgs. Von Bergedorf geht es auf idyllischen Strecken an reetgedeckten Bauernhöfen, landwirtschaftlichen Betrieben, Gewächshäusern und Feldern entlang bis zum 14 Kilometer entfernten Zollenspieker Fährhaus an der Elbe ganz im Süden.

Vierlanden, das sind die Stadtteile Altengamme, Curslack, Kirchwerder und Neuengamme. Die Region ist durchzogen von einem Wassernetz. Das macht sie so fruchtbar und zusammen mit den Marschlanden weiter westlich zu dem größten zusammenhängenden Blumen- und Gemüseanbaugebiet Deutschlands. Stets begegnet man der Dove- und Gose-Elbe, Wasserstraßen, auf denen die Bauern früher ihre Waren ins Zentrum transportierten.

Mit dem Bau der Deiche wurde das Land dauerhaft nutzbar, die Gegend gelangte zu Wohlstand, der sich heute noch an stattlichen Bauernhäusern zeigt. Das Rieck Haus, ein Hufnerhaus aus dem 16. Jahrhundert, das man in südöstlicher Richtung über den Curslacker Deich erreicht, zeigt mit Schöpfmühle, Getreidespeicher und Backhaus, wie das Leben damals als Marschbauer war.

Der Altengammer Hausdeich führt zum Altengammer Hauptdeich, der auf der Fahrt gen Westen schöne Blicke auf die Elbe gewährt. Oder man überquert die Dove-Elbe und entdeckt die Gegend weiter über Neuengammer Hausdeich und den Marschbahndamm.

Am Zollenspieker Fährhaus angelangt, erfrischt ein kaltes Getränk auf der Außenterrasse. Ab dem 13. Jahrhundert wurden hier die Zölle eingetrieben für die Elb-Überfahrt. Man spiekt selbst ein letztes Mal, bevor es u. a. über Kirchenheerweg und Vierländer Eisenbahndamm zurück zum Bahnhof Bergedorf geht.

Bahn

- S-Bahnhof Bergedorf
- S-Bahn alle 10 Min. (ab Hamburg Hbf 21 Min.)

Auto

- 18 km, ca. 29 Min.

Nicht verpassen

- Die Nicolaikirche in Altengamme besichtigen
- Im Hof Eggers im Bauernbarock Kaffee und Kuchen genießen
- Die KZ-Gedenkstätte Neuengamme besuchen

Das denkmalgeschützte Bauernhofanwesen Hof Eggers ist einen Besuch wert

Weit ist der Blick immer am Wasser entlang

20 Wasserkunst Elbinsel Kaltehofe

Schicht für Schicht sauberes Wasser

Langsamsandfiltrationsanlage – dieses Wortungetüm steht für eines der interessantesten Industriedenkmale Hamburgs, das fast hundert Jahre für sauberes Trinkwasser gesorgt hat. Heute strahlt die ehemals erste Wasserfiltrierungsanlage Hamburgs auf der künstlich angelegten Insel in der Norderelbe eine bestechende Ruhe und Natürlichkeit aus. Schafe blöken auf dem Deich. Ein Grünspecht hämmert, Schmetterlinge, Wild- und Honigbienen schwirren auf ihren Wiesen umher, während irgendwo schwere Container rumsen. Die Besucher erkunden den Naturerlebnispfad und lassen sich die Filtrierfunktion der zwanzig fußballfeldgroßen Wasserbecken mit den hübschen kleinen Schieberhäuschen erklären.

1893 nahm die Anlage ihre Arbeit auf – es war allerhöchste Zeit. Die hygienischen Zustände der Großstadt hatten ihren Tiefpunkt mit dem Ausbruch der Cholera 1892 erreicht. Und so startete man hier die Filtration über mehrere Stationen. In den Becken wurde Elbwasser durch Sand-, Kies- und Steinschichten gereinigt und über Kanäle ins Wasserwerk in Rothenburgsort geleitet. Die Häuschen übernahmen dabei mit Schiebern und Ventilen das Ein- und Ausleiten des Wassers ins nächste Becken. Eines dieser Schieberhäuschen ist begehbar.

1990 war Schluss und auf der ruhiggestellten Insel entstand ein Paradies für Vögel, Fledermäuse, Insekten und Pflanzen. Ein großer Teil der Insel ist heute Naturschutzgebiet und nicht zugänglich. In dem anderen Teil gibt's mit Barfußpfad, Vogelbeobachtungsturm und Führungsangeboten zu unterschiedlichen Themen aber auch genug zu erleben.

Bahn & Bus

- Haltestelle Kaltehofe-Hinterdeich
- Bus 530 ab S-Bahnhof Rothenburgsort (ab Hamburg Hbf 32 Min.)

Auto

- 7 km, ca. 17 Min.

Nicht verpassen

- Sich auf der Außenterrasse des Cafés eine Erfrischung gönnen und die einmalige Lage im geschäftigen Hafen auf sich wirken lassen
- Bei einer Führung durch das Gelände Interessantes zur Wasserkunst und Geschichte der Wasserversorgung in Hamburg erfahren

Die Schieberhäuschen konzipierte Franz Andreas Meyer, der Schöpfer der Speicherstadt

21

Wedel

Zwischen Mühlenteich und Hafen

Ein Ausflug nach Wedel in Holstein, eine S-Bahn-Station hinter Hamburg, bietet einen erfrischenden Mix aus Kultur, Natur und Beachfeeling. In Wedel wurde der Bildhauer Ernst Barlach geboren, hinterließ der Pastor und Dichter Johann Rist seine Spuren, lebte der Maler Rudolf Höckner. Wirtschaft und Geschichte der Stadt werden von Wedeler Au und Elbe geprägt.

Man könnte nach der Ankunft bei einem Einkaufsbummel durch die Bahnhofstraße direkt zur Elbe gehen. Zunächst sollte man aber rechts zum Mühlenteich abbiegen, einem Idyll mitten in Wedel. Er wird durch die Wedeler Au gestaut, die von Hamburg-Sülldorf kommt und unter der Wassermühle (heute Restaurant und Wohnhaus) hindurch bis zur Elbe fließt. Von hier kann man einen Spaziergang durch das wunderschöne Autal machen.

Am Mühlenteich beginnt auch die Altstadt, von der nur ein kleiner Kern vor allem um den Marktplatz erhalten ist. Bis zur Mitte des 19. Jahrhunderts vibrierte hier im wahrsten Sinne die Stadt, denn am Markt führte der berühmte Ochsenweg entlang – die Handelsstraße, die ab dem Mittelalter Wedel mit Dänemark verband und Handelsbeziehungen von Skandinavien bis in die Niederlande ermöglichte. Die überlebensgroße Statue des Rolands (von 1558), Schutzpatron der Markthändler, legt auf dem Marktplatz direkt an der Bundesstraße stilles Zeugnis von der frühen Bedeutung Wedels als Handelszentrum ab.

Der Wedeler Ochsenmarkt war wegen seiner Lage einer der bedeutendsten auf der Handelsroute. Bis zu 52 000 Ochsen wechselten hier jährlich im Frühjahr ihren Besitzer. Beim alten Hafen an der Austraße,

Bahn

- S-Bahnhof Wedel
- S-Bahn alle 10–20 Min. (ab Altona 27 Min.)

Auto

- 18 km, ca. 30 Min.

Nicht verpassen

- Bei einem Fischbrötchen vom Food Truck *Isi's Fischspezialitäten* den Pötten auf der Elbe nachwinken
- Im Laden *Goldstücke* Ausgefallenes für zu Hause shoppen.
  Bei der Doppeleiche 3a | www.goldstuecke-schoenes-zuhause.de

Der Wedeler Roland gilt als einer der größten seiner Art

wo heute die *Batavia,* das Urgestein der Wedeler Kulturszene, vor Anker liegt, wurden sie auf Fähren über die schmale Elbe geführt. Die kurze Überfahrt nutzten auch andere Reisende und Pilger.

Die Sträßchen um die Immanuelkirche und den Markt geben einen Eindruck, wie es hier einst ausgesehen haben muss. Das Stadtmuseum ist im Gebäude der ersten Schule Wedels von 1829 in der Küsterstraße gegenüber der Kirche eingerichtet. Im stilvollen klassizistischen Gebäude nahe dem Marktplatz wurde 1870 mit Ernst Barlach der berühmteste Sohn der Stadt geboren.

Und dann – einmal die Bahnhofstraße runter – ist da noch Schulau, das Dorf, das Anfang des 20. Jahrhunderts eingemeindet wurde. Der Wind trägt gebrochen Musik ans Ohr, wenn man am Elbufer steht. „Muss i denn, muss i denn zum Städtele hinaus ...“ Es folgt die Nationalhymne des Landes, aus dem der Frachter kommt, der gerade vorüberzieht. Der Begrüßungskapitän erklärt über Lautsprecher Näheres. Seit 70 Jahren werden an der Schiffsbegrüßungsanlage Willkomm Höft im Neuen Schulauer Fährhaus die Schiffe gewürdigt, die Hamburg verlassen oder ansteuern.

Am Wedeler Elbstrand ist die Stimmung immer gut – besonders bei Sonnenschein

Immerhin eine Konstante inmitten der Veränderungen, denn der Wedeler Stadthafen wird erweitert. An der Ostmole soll eine in Terrassen angelegte Promenade entstehen, am Hafenkopf wird ein Hotel gebaut. Schulau macht sich schick. Bis Bauende muss man jedoch nicht warten, um den Aperol Spritz mit Elbblick zu genießen: Am Strand bei der über die Stadtgrenze hinaus bekannten Beach Bar *28 Grad* lässt man sich in den Liegestuhl sinken, der Blick schweift über den breiten Fluss, und man überlegt sich, vielleicht ein Bad in der an dieser Stelle inzwischen sauberen Elbe zu nehmen.

Ernst Barlach Museum

Das Ernst Barlach Museum widmet sich dem 1870 hier geborenen Bildhauer und seinen Werken mit einer Fotodokumentation, Nachlässen und Dauerleihgaben. Wechselnde Ausstellungen beleuchten Arbeiten international anerkannter Künstler. *www.ernst-barlach.de*

Reepschlägerhaus

Im alten Reepschlägerhaus von 1758 einen Tee trinken: Früher wurden hier Taue (Reep) für Großsegler gefertigt. Heute ist es Teestube und Veranstaltungsort. Herrlich ist es im Rosengarten! *Schauenburgerstraße 4 | www.reepschlaegerhaus.de*

22

Wilhelmsburger Inselpark

Die Naturwelt zu Gast in Hamburg

Im Unterholz über verwunschene Wege laufen, an Sumpfzypressen und Japananemonen vorbei, derweil Feuchtigkeit durch die Luft wabert. Für das Regenwald-Feeling muss man nicht ins Flugzeug steigen. Nur ein paar Stationen mit der S-Bahn fahren – auf die von Industrie und Hafenwirtschaft geprägte Elbinsel Wilhelmsburg. In dem grünen Paradies des Inselparks entführt der Garten Dunst & Nebel in südostasiatische Gefilde. Mit dem ausgeklügelten Befeuchtungssystem, das feinsten Wasserhauch versprüht und dabei für diese exotisch-lauschige Atmosphäre sorgt, ist er ein kleines Highlight in dem großen Park.

100 Hektar laden im Inselpark einerseits zu durchgestylten Beeten und lauschigen Heckenecken ein, andererseits in wilde Areale, in denen die Natur wie um die Teiche Kükenbrack und Mahlbusen noch ganz urwüchsig erscheint. Im kargen Steingarten, gleich neben Asien, schießt der Geysir in die Höhe. Island lässt grüßen. Auf dem Rosenboulevard wird es wildromantisch. Und beim Sansibar-Fels steht Afrika mitten in Hamburg.

Zur Internationalen Gartenschau 2013 hat Hamburg dem aufstrebenden Stadtteil dieses Kleinod gebaut. Es war umstritten, denn Alteingesessenes musste weichen. Heute ist der Inselpark ein gepflegtes Naherholungsgebiet, das auch durch Aktivangebote die Menschen anzieht: Wie wäre es mit einer Kanufahrt durch die von Kanälen durchzogene Landschaft? Auf der Bewegungsinsel laden Fitnessgeräte zum Auspowern ein. Ein Besuch lohnt zu jeder Jahreszeit, denn immer blüht gerade etwas, man hält nach wild wachsenden Beeren oder Kräutern Ausschau oder entspannt auf einer der Liegewiesen.

Bahn

- S-Bahnhof Wilhelmsburg
- S-Bahn alle 4–6 Min. (ab Hamburg Hbf 9 Min.) und 10 Min. Fußweg

Auto

- 11 km, ca. 17 Min.

Nicht verpassen

- Im ehemaligen Wasserwerk mehr über die alte Wasserkunst von 1911 bei einem kühlen Getränk erfahren. *Kurdamm 24 | www.hamburger-wasserwerk.de*
- In einer der Grillecken im Park Tofuwürstchen oder Nackensteak grillen

Exotik im Norden: Der Garten Dunst & Nebel verspricht Tagträume

Pittoresk ist es auf vielen Wegen durch den Park

Ab in den Norden

Beglückende Ausflugsziele zwischen Nord- und Ostsee

23

Arche Warder

Das Paradies für Tiere

In einem 40 Hektar großen ehemaligen Sand- und Kiesabbaugebiet im Naturpark Westensee liegt das größte Zentrum Europas zum Schutz seltener und gefährdeter Haus- und Nutztierrassen: die Arche Warder. Weiden, Teiche, Trockenwiesen, Knicks, ein Baumareal und ein Bachlauf bieten den über 1 200 Tieren aus mehr als 80 Rassen die erquickliche Möglichkeit, sich artgerecht zu entwickeln.

Besucher erleben die Tiere auf verschiedenen Rundwegen. Im Tierschauhaus gleich zu Beginn beobachtet man in respektvollem Abstand die frisch geborenen Jungtiere auf wackeligen Beinen mit den Muttertieren. Im weitläufigen Gelände geht es dann zum Areal der Koppeln, Wiesen und Gehege von Skudden, Girgentana-Ziegen, Wildschweinen, Hühnern, Pferden und Poitou-Eseln. Im Teich fast am Ende der Tour fühlt sich das vermutlich einzige Schwein, das tauchen kann, wohl – das Turopolje aus Kroatien.

Es ist eine wahre Arche, in der Tat. Und immer sind die Mitarbeitenden ansprechbar. Sie geben Auskunft über Fressverhalten, Vorlieben und Besonderheiten. Jede Woche sterben weltweit zwei Nutztierrassen aus. Die Arche hält dagegen, unter anderem mit Schutz durch Erhaltung und Bildung.

Der Bildungsauftrag der Arche zeigt sich auch in der Steinzeitsiedlung mit mehreren Langhäusern, Tierpferchen und Vorratsspeicher. Hier sieht man, wie Mensch und Tier damals miteinander gelebt haben, als die Nutztierhaltung begann. Soay- und Steinschaf, zwei Bewohner der Arche, haben ihren Ursprung in dieser Zeit vor 5 000 Jahren.

Bahn & Bus

- Haltestelle Denkmal, Langwedel
- Bus 780 ab Bahnhof Nortorf (ab Hamburg-Altona mit Umsteigen in Nortorf 81 Min.)

Auto

- 84 km, ca. 57 Min

Nicht verpassen

- Im Restaurant Farmküche auf der Terrasse warmen Schokoladenkuchen auf der Zunge schmelzen lassen und die Sonne genießen
- Im Hofladen Produkte aus der Region kaufen, wie Handgenähtes aus Leder und Wolle

www.arche-warder.de

Friedlich weiden die Schafe wie vor 5 000 Jahren

Die ungarischen Zackelschafe begeistern die Besucher mit ihren Korkenzieher-Hörnern

24

Bad Segeberg

Fledermäuse im Wilden Westen

Der erste Weg vom Bahnhof führt hoch zum Kalkberg. Das Wahrzeichen der Stadt ist die Hauptattraktion, die Bad Segeberg in Holstein bis heute prägt. Denn ohne die Naturereignisse vor Urzeiten, als Wüstenstürme durchs Land fegten, tektonische Kräfte Salzgesteine emporschoben und den Felsen schufen, gäbe es die mächtige, 91 Meter hohe Naturkulisse für die Karl-May-Spiele heute nicht.

Der Fels war schon im Mittelalter Zentrum der Stadt. Hier oben stand die Siegesburg, die Kaiser Lothar III. im 12. Jahrhundert errichtete. Inzwischen überwintern Fledermäuse im Inneren des Bergs. Für 30 000 Tiere bieten die hohe Luftfeuchtigkeit und die niedrigen Temperaturen im zwei Kilometer langen System der Kalkberghöhlen ideale Bedingungen dafür. Es ist das größte natürliche Fledermausquartier Nordeuropas.

Der Besuch der Stadt räumt mit einigen Mythen auf: Der Kalkberg besteht gar nicht aus Kalk und auch der Wilde Westen beginnt nicht hier, wie bis zu 100 000 Fans von Winnetou glauben machen wollen, die im Sommer die Stadt und ihre gemütliche Fußgängerzone rund um den Marktplatz bevölkern.

In anderen Zeiten wirkt das kleine Bad Segeberg eher ruhig und familiär. Am Fuße des Bergs wartet die Marienkirche aus romanischer Zeit, ein Beispiel des frühen monumentalen Gewölbebaus. Sie wurde teils mit dem Gips des Kalkbergs gebaut. Am Großen Segeberger See kann man an der Uferpromenade entspannen, auf dem Wasser schippern oder auf Wanderung gehen.

Bahn

- Bahnhof Bad Segeberg
- RE alle 60 Min. ab Bad Oldesloe Hbf (ab Hamburg Hbf mit Umsteigen in Bad Oldesloe 46 Min.)

Auto

- 63 km, ca. 50 Min.

Nicht verpassen

- Im Noctalis Fledermäuse und ihre Welt kennenlernen
  www.noctalis.de
- Eine lauschige Kaffeepause im Café Goldmarie machen
  www.goldmarieamsee.de
- In der Otto-Flath-Kunsthalle die Werke des Bildhauers und Malers bewundern
  Bismarckallee 5

Das Panorama vom Kalkberg ist bestechend: über die Weite des Umlands ...

... und auf den Wasserturm, eingebettet in viel Grün

25

Brunsbüttel

Zum Shipspotting an den Nord-Ostsee-Kanal

Kaum zu glauben, dass dieses verschlafen wirkende Städtchen einer der wichtigsten Hotspots für den Schiffsverkehr ist. Brunsbüttel ist Anfang und Ende der meist befahrenen künstlichen Seeschifffahrtsstraße der Welt: Egal, ob Sportboote, Container- oder Kreuzfahrtschiffe, sie alle lassen sich auf dem Nord-Ostsee-Kanal 100 Kilometer quer durch Schleswig-Holstein bis nach Kiel lotsen. Damit sparen sie sich den langwierigen Umweg über Dänemark – und das seit 125 Jahren.

Früher setzten Sturmfluten dem Ort zu. Im 17. Jahrhundert wurde sogar der uralte Stadtkern von der Elbe mitgerissen. Heute sind die Elblage und die Nähe zur Nordsee Treiber der Wirtschaft mit Ölhafen, Elbehafen, weiträumigen Industrieanlagen und dem Nord-Ostsee-Kanal.

Besucher zieht es magisch an die Elbmündung. Hier herrscht an den vier Schleusen (eine fünfte ist im Bau) reger Verkehr. Ausdauer ist gefragt, um von der Aussichtsplattform beim Schleusen zuzuschauen, das aufgrund der unterschiedlichen Wasserniveaus von tideabhängiger Elbe und Kanal nötig ist. Ein Schleusengang dauert schon mal bis zu 45 Minuten. Aber wenn der Schleusenmeister das Einfahrtssignal gibt, die Schleusentore sich schließen und langsam der Wasserstand ausgeglichen wird, vergisst man die Zeit. Die Schiffe sind zum Greifen nah.

Wer sich doch noch loseisen kann, genießt die Natur am Kanal bei einer Wanderung oder entdeckt den historischen Ortskern mit Fachwerkhäusern um den alten Markt und die Jakobuskirche von 1678.

Bahn & Bus

- ZOB Brunsbüttel
- Bus 6600 ab Bahnhof Itzehoe (ab Hamburg-Altona mit Umsteigen in Itzehoe 96 Min.)

Auto

- 85 km, ca. 65 Min.

Nicht verpassen

- Das Schleusenmuseum Atrium besuchen, das multimedial über alles rund um die Schleusen informiert
- Mit der kostenlosen Kanalfähre ans andere Ufer übersetzen
- Mit tollem Ausblick auf die Schleusen Kaffee und Kuchen im Torhaus probieren
  Gustav-Meyer-Platz 3

Das Leuchtfeuer an der Mole 1 stammt aus den Anfangsjahren des Kanals

Am Elbdeich kann man nicht nur die ein- und auslaufenden Schiffe begrüßen

26

Eutin

Höfisches Flair und Gartenkunst

Das beschauliche Städtchen Eutin in der Holsteinischen Schweiz ist bekannt für seine sommerlichen Festspiele im Schlossgarten zu Ehren von Carl Maria von Weber, dem berühmten Sohn der Stadt. Kein Wunder, bei der Kulisse: Der weitläufige Landschaftsgarten, mit Seebühne malerisch am Großen Eutiner See gelegen, gilt mit Nymphäum und Orangerie als eines der bedeutendsten Gartenkunstwerke der Aufklärung. Zusammen mit dem von einem Wassergraben umgebenen barocken Schloss bildet er das Highlight Eutins.

Der Eutiner Hof war ab Mitte des 18. Jahrhunderts unter Fürstbischof Friedrich August ein Hotspot der Promis. Tischbein, Herder und Klopstock tummelten sich am Eutiner See. Das höfische Flair wird im Ostholstein-Museum im ehemaligen Marstall oder bei einer Schlossführung durch die original ausgestatteten Räumlichkeiten und die Schlosskapelle vermittelt. Unter den Klängen der Orgel, an der auch Arp Schnitger seinen Anteil hatte, wurde Weber 1786 getauft.

Heute trifft man sich am Marktplatz mit Brunnen, Cafés und Restaurants, bummelt durch die Gassen an Boutiquen und kleinen Lädchen vorbei oder genießt an der Seepromenade am Großen Eutiner See auf den Holzliegestühlen den Blick übers Wasser. Der „Garten am frischen Wasser“ der evangelisch-lutherischen Kirchengemeinde hinter der Promenade ist eine idyllische Anlage um ein künstlerisch gestaltetes Holzplateau unter alten Federbuchen. Eine Wanderung um den Großen oder Kleinen Eutiner See führt durch Wald und Wiese – mit wunderbarer Aussicht aufs Schloss.

Bahn

- Bahnhof Eutin
- RE alle 60 Min. ab Lübeck Hbf (ab Hamburg Hbf mit Umsteigen in Lübeck Hbf 82 Min.)

Auto

- 98 km, ca. 70 Min.

Nicht verpassen

- In der auf Pfählen errichteten Freibadeanstalt von 1913 an der Fissauer Bucht am Großen Eutiner See baden
  Bebensundweg 1
- Bei marokkanischem Linseneintopf oder Fischbrötchen das Markttreiben im tohuus aufnehmen
  Markt 13 | www.tohuus-eutin.de

Das Eutiner Schloss besticht durch schlichte Eleganz

Im idyllischen Schlosshof lässt sich die höfische Atmosphäre genießen

27 Friedrichstadt

Willkommen in Klein-Amsterdam

Grachten, die die Stadt durchziehen, Brücken mit pittoresken Blumenkästen, bunte Treppengiebelhäuser, an deren Fassaden Rosenstöcke ranken oder Holzpantinen am Haken baumeln – ein Tag in Friedrichstadt mutet wie ein Ausflug nach Holland an. Und das nur 130 Kilometer nördlich von Hamburg. Die denkmalgeschützte Altstadt ist ganz von Wasser umgeben, hier treffen Treene und Eider aufeinander. Prunkstück und Zentrum ist der Marktplatz mit dem historischen Brunnenhäuschen und dem Häuserensemble mit Schmuckfassaden aus der Gründungszeit. Von hier zweigen Brücken und kopfsteingepflasterte Gässchen ab. Kleine Läden bieten ein kreatives, individuelles Sortiment: Keramiken, Schmuck, Stoffe, Delikatessen, Holzgegenstände. Die Atmosphäre ist locker und entspannt, so als wäre man in einer lebhaften holländischen Kleinstadt gelandet.

Die Art, mit der die Menschen einander hier begegnen, kommt nicht von ungefähr. In Friedrichstadt galt schon vor Jahrhunderten Glaubens- und Religionsfreiheit.

Ursprünglich verdankt die Stadt, die 2021 ihren 400. Geburtstag feiert, ihre Existenz handfesten wirtschaftspolitischen Gründen. Stadtgründer Herzog Friedrich III. wollte durch eine eigene Handelsmetropole den teuren Hamburger Zwischenhandel für überseeische Importe umgehen. Und so warb er mit Flugblättern und Anzeigen diejenigen an, die in Holland wegen ihrer Religion verfolgt wurden, die Remonstranten. Er bot ihnen freien Handel und freie Religionsausübung

Bahn

- Bahnhof Friedrichstadt
- RE alle 60 Min. (ab Hamburg-Altona 86 Min.)

Auto

- 131 km, ca. 96 Min.

Nicht verpassen

- Beim Stand-up-Paddling durch die Grachten auf Friedrichstadt blicken *www.sup-friedrichstadt.jimdofree.com*
- In der Ehemaligen Synagoge ein Konzert, eine Tanzveranstaltung oder eine Theateraufführung zusammen mit der jüdischen Gedenkstätte besuchen

Die Friedrichstädter Idylle ist postkartenschön

Großartige Straßenatmosphäre begleitet den Bummel durch die Stadt

in der norddeutschen Einöde. Holländisch wurde sogar Amtssprache, niederländisches Recht kam zum Tragen. Keine andere deutsche Stadt gewährte den Niederländern zu dieser Zeit so viele Rechte, nicht einmal Friedrichs ärgster Konkurrent Christian IV. im kurz vorher gegründeten Glückstadt.

Mit Holz, Sandstein, Ziegeln – viele Materialien kamen aus den Niederlanden – wurde die Stadt aufgebaut. Die Häuser am Markt sind die am besten erhaltenen Zeugnisse der Architektur, die einst die gesamte Stadt prägte. Das älteste noch erhaltene Kaufmannshaus in der Prinzenstraße 23 mit hohem Erdgeschoss und großer Diele zeigt, wie diese Gebäude von innen aussahen.

Die Remonstrantenkirche war die erste offizielle Kirche dieser Glaubensgemeinschaft weltweit. Sie ist heute noch die einzige in Deutschland, geleitet von niederländischen Pastoren. Doch auch Menonniten, Katholiken und Juden kamen nach Friedrichstadt. Noch immer sind diese Glaubensgemeinschaften neben den Lutheranern hier beheimatet – bis auf die Juden. Das Gelände des alten jüdischen Friedhofs am Binnenhafen und das Innere der Synagoge in der Wes-

An einer Grachtenfahrt kommt man kaum vorbei

termarktstraße wurden im Nationalsozialismus zerstört. Nach einer wechselvollen Geschichte dient die Ehemalige Synagoge heute als Gedenkstätte und kultureller Veranstaltungsort in einer Stadt, die nur durch Toleranz und die Freiheit des Glaubens entstehen und wachsen konnte.

Friedrichstadt heute präsentiert sich so weltoffen, wie man es sich für die frühen Gründerjahre vorstellt. Und so sinniert wohl der eine oder die andere bei einer Tour übers Grachtenwasser, wie's wäre, sich ebenfalls hier niederzulassen.

Blumenhaus-Café

Hier kann man nicht nur leckeren Kuchen genießen, sondern sich auch vom benachbarten Blumenhaus betören lassen.
Prinzenstraße 25 | www.blumenhaus-cafe.friedrichstadt.sh

Hausmarken raten

Ob Sternenhimmel, Löwenkopf, Mühle oder Taube mit einem Ölzweig – die bunten Hausmarken sind die Bilderrätsel der Stadt, denn sie geben Auskunft über die Bewohner oder Erbauer eines Hauses: zu ihrem Beruf, ihrem Hobby oder einer Eigenschaft. Noch heute pflegt man diesen Brauch.

28

Glückstadt

Fortunas Hafenstadt

Der Name Glückstadt ist Programm. „Dat schall glücken und dat mutt glücken, und denn schall se ok Glückstadt heten.“ Mit diesem Leitspruch rang König Christian IV. von Dänemark die Festungsstadt 1617 regelrecht dem Wasser ab. Sie wurde im Stil der holländischen Spätrenaissance errichtet, was an der Fassade des 1874 neu errichteten Rathauses aufgenommen wurde.

Viel hatte Christian IV. vor mit der Stadt, die er aus dem Marschboden an der Rhinmündung stampfte. Dazu warb er Siedler an: Glaubensflüchtlinge aus den Niederlanden und sephardische Juden, die globale Geschäftsbeziehungen pflegten. Damit wollte er Hamburg die Vormachtstellung im Seehandel abtrotzen und das dänische Machtgebiet in den Süden ausdehnen.

Beides ist nicht gelungen. Doch die Festung Glückstadt reüssierte immerhin zur einzigen Stadt in Schleswig-Holstein, die im Dreißigjährigen Krieg uneinnehmbar war. Und sie wurde Hauptverwaltungsstadt Dänemarks im königlichen Teil Holsteins. Von Glückstadts Pioniergeschichte und Bedeutung in den Jahrhunderten danach zeugen noch heute das Brockdorff-Palais (ehemaliges Amtmann-Haus), das Wasmer-Palais (ehemaliges Obergericht) mit prächtigem Stucksaal aus dem frühen 18. Jahrhundert und Festungsgebäude wie das Provianthaus.

Strahlenförmig gehen die Straßen, die zu Bastionen und Wallabschnitten führten, vom zentralen Marktplatz ab. Auch im Stadtpark, der ehemaligen Festungsanlage, ist

Bahn

- Bahnhof Glückstadt
- RB alle 60 Min. (ab Hamburg Hbf 44 Min.)

Auto

- 54 km, ca. 71 Min.

Provianthaus

Am Ende der Königstraße lohnt ein Abstecher ins Provianthaus, das später auch als Zollgebäude, Kriegsgefangenenlager, Kornbrandmühle und Farbenfabrik genutzt wurde. Heute bietet es Künstlern Atelierräume. Am Wochenende oder nach Absprache stehen die Räumlichkeiten mit wechselnden Ausstellungen Interessierten offen.
Proviantgraben 1

Die Stadtkirche und Fortuna auf der Turmspitze wachen über die Geschicke der Stadt

der Grundriss noch zu erkennen. Das macht Glückstadt zum einmaligen städtebaulichen Denkmal der frühen Neuzeit in Deutschland. Erst Anfang des 19. Jahrhunderts wurde die Festungsanlage geschleift.

Die Glücksgöttin Fortuna grüßt beim Bummeln immer mal wieder, wie im Stadtwappen an der Rathaus-Fassade oder auf der Kirchturmspitze am Markt. Vor einigen Jahren entdeckte man sie auch als Deckenmalerei im Rathausfoyer. Das baumbestandene Fleth hinter dem Markt diente früher als Warentransportweg.

Fast immer weht eine steife Brise durch die Straßen des historischen Stadtkerns, die zum Hafen führen. Rosen ranken an Hauswänden, Glückstädter Flaggen mit – natürlich – der Fortuna wehen stolz im Wind. Am Binnenhafen, dem Herz der Stadt, schaukeln die Schiffe auf dem Wasser. Hier gönnt man sich frischen Matjes, die hiesige Delikatesse schlechthin, denn Ende des 19. Jahrhunderts startete die Glückstädter Heringsfischerei mit Fängen in der Nordsee und legte den Grundstein für die weithin bekannte Marke *Glückstädter Matjes* – einen speziell zubereiteten jungen Hering.

Gestärkt widmet man sich der Straße Am Hafen, deren gesamte

Den schönsten Blick auf die Straße Am Hafen genießt man vom anderen Ufer aus

Häuserzeile mit Wiebke-Kruse-Turm unter Denkmalschutz steht. Im Palais für aktuelle Kunst, ehemalige Regierungskanzlei, werden heute Ausstellungen internationaler Gegenwartskünstler gezeigt. Von hier ist der Weg an Salzspeicher und Königlichem Brückenhaus zur Nordmole und zum Hafenkopf an der Elbe nicht mehr weit, von wo der König die damalige europäische Welt erobern wollte.

Glückstädter Matjes

An original Glückstädter Matjes kommt man nicht vorbei. In Handarbeit wird junger Hering auf bestimmte Weise ausgenommen, bevor er ohne künstliche Zusatzstoffe in Fässern reift und danach entgrätet und gehäutet wird. Inzwischen kommt der Fisch zwar aus Norwegen, die Verarbeitung findet aber nach wie vor in Glückstadt statt. Die Glückstädter Matjeswochen im Juni würdigen die Tradition. Nach altem Familienrezept tischt das Restaurant *Der kleine Heinrich* Matjesgerichte auf.
Am Markt 2 |
www.der-kleine-heinrich.de

29 Haffkrug

Gelassen durch den Sommer

Wer Ruhe statt Strand-Halligalli sucht, ist in Haffkrug goldrichtig. Die Ostseebäder Travemünde und Timmendorfer Strand sind trubeliger. Haffkrug hingegen besticht mit einer Gelassenheit, die sofort auf den Besucher überspringt. Surfen, Segeln, Kiten? Hier liegt man lieber in einer der Hängematten, die am Strand eingerichtet sind.

Das 200 Jahre alte Fischerdorf, Ortsteil von Scharbeutz, ist das älteste Seebad in der Lübecker Bucht. Mit liebevollen Details knüpft es an die Moderne an. Haffi, ein altes Fischerboot, liegt hübsch am Strand vor Anker. Die Promenade trennt schwungvoll Strand und Straße. Inliner und Fahrradfahrende haben hier freie Fahrt auf eigener Strecke. Auf den Erhebungen aus Beton wächst Strandhafer, clever gestalteter Dünenschutz.

Ein neu gestalteter Fischerei-Erkundungspfad führt interaktiv an der Promenade entlang, informiert über Ostsee-Fische(rei) und lehrt, wie man Knoten bindet. Überall gibt es angenehm gestaltete Pavillons zum Verweilen. Und auf der 165 Meter langen Seebrücke schaut man weit ins Meer hinaus.

Wer genug vom Strand hat, geht über die Straße auf einen übersichtlichen Shoppingbummel oder ein paar Ecken weiter zum Haffwiesenpark mit Ententeich und Wetterstein: Bewegt sich der Stein am Seil, ist es windig, ist der Stein trocken, ist das Wetter schön. So entspannt einfach ist das Leben in Haffkrug, und bleibt es vermutlich auch, wenn erst die futuristisch anmutende neue Seebrücke mit Spielplatz und Aktivangeboten gebaut ist.

Bahn

- Bahnhof Haffkrug
- RB alle 60 Min. ab Lübeck Hbf (ab Hamburg Hbf mit Umsteigen in Lübeck Hbf 88 Min.)

Auto

- 86 km, ca. 59 Min.

Nicht verpassen

- Den Sand abschütteln auf einem Spaziergang unter schattigen Bäumen durch die grüne Oase des Haffwiesenparks
- In der Ahoi Kaffeerösterei einen aromatischen Kaffee oder kühle Erfrischungen bei fabelhaftem Ausblick auf die Ostsee genießen
  Strandallee 7 | www.ahoikaffee.de

Der Haffkruger Sand soll, so heißt es, der feinste in der Lübecker Buch sein

Das alte Fischerboot *Haffi* wacht über „seinen“ Ort und dessen Gäste

30 Kiel

Zu den Flaniermeilen an der Förde

Kiel ist die schönste Stadt im schönen Holstein – das soll Theodor Storm gesagt haben, der hier mit Zwischenstation in Berlin bis 1842 studierte. Doch die Fördestadt, wie er sie kannte, mit der Uni im ehemaligen Franziskanerkloster, dem Renaissanceschloss, Fachwerkhäusern und schmalen Gassen, stattlichen Villen und Bürgerpalais, die gibt es so nicht mehr. Denn Kiel, nach der Reichsgründung zur Reichskriegshafenstadt ausgebaut, wurde im Zweiten Weltkrieg zu 80 Prozent zerstört. Mit zweckdienlichen Bauten in der Nachkriegszeit nicht gerade aufgehübscht, schüttelt die Landeshauptstadt Schleswig-Holstein das gesichtslose Image jedoch inzwischen erfolgreich ab.

Das Herz Kiels ist die Schifffahrt, der Hafen, die Förde. Mit Schweden-, Ostsee- und Norwegenkai ist Kiel größter Passagierhafen in Deutschland. Die Kieler Woche ist das größte Segelsportevent der Welt. Die Kiellinie, eine Uferpromenade, die sich entlang der Förde über 3,5 Kilometer zieht, soll die längste in Nordeuropa sein. Im Museumshafen beeindrucken Traditionssegler, alte Küstenfischerboote und Marstalschoner. Und gerade ist mit dem Kleinen Kiel-Kanal eine Flaniermeile zwischen Förde und dem innerstädtischen See Kleiner Kiel entstanden, die mit Terrassen, Sitzbänken, Pontons und kleinen Brücken Inseln der Entspannung schafft – abends sogar mit Sitzbeleuchtung.

Nicht weit vom Kleinen Kiel steht das Wahrzeichen der Stadt: der mächtige Rathausturm. Mit seinen 106 Metern ist er einer der höchsten in Deutschland. Sein Äußeres erinnert an den Campanile in Vene-

Bahn

- Bahnhof Kiel
- RE alle 60 Min. (ab Hamburg-Altona 66 Min.)

Auto

- 96 km, ca. 74 Min.

Nicht verpassen

- Die Kunsthalle Kiel besuchen. Faszinierende Muschelkalk-Fassade, im Inneren internationale Sonderausstellungen. *Düsternbrooker Weg 1 | www.kunsthalle-kiel.de*
- Mit der Fördelinie übersetzen nach Mönkeberg ans Ostufer und am Strand die Ostsee erleben. Anleger am Bahnhof. *www.sfk-kiel.de*

An alten Schiffen kann man sich in Kiel nicht sattsehen

Eine Pause im Grünen ist besonders schön im Alten Botanischen Garten

dig, sein voller Glockenklang an Big Ben. Das Rathaus, errichtet Anfang des 20. Jahrhunderts, ist eines der wenigen Bauwerke, die im Zweiten Weltkrieg nicht zerstört wurden. Wer auf 67 Meter hochfährt, genießt einen phänomenalen Blick auf die Kieler Förde, die Seen und das nach dem Krieg wieder aufgebaute Schloss.

„Tom kyle“ – am Keil gelegen –, das zeichnete Kiel aus, so erhielt es seinen Namen. 17 Kilometer erstreckt sich die Förde von der Ostsee bis zum Hörn, dem heute so geschäftigen Hafengebiet Kiels. Wie ein Keil schiebt sich die Ostsee hinein. Der Kleine Kiel soll einst ein Arm der Förde gewesen sein und so eine Halbinsel geschaffen haben, auf der die Stadt vor fast 780 Jahren entstand. Planmäßig wurde Kiel aufgrund dieser geschützten Lage gebaut und war Mitglied der Hanse.

Über die erste Fußgängerzone Deutschlands, die Holstenstraße, geht es weiter in den alten Teil der Stadt: zum Alten Markt und zur Nikolaikirche. Auch sie wurde Opfer des Kriegs, nur ihre Fundamente stammen noch aus der Gründungszeit im 13. Jahrhundert. Altstadtflair kommt auf in der anschließenden Dänischen Straße. Kopfsteinpflaster,

An der Uferpromenade lässt sich das Treiben im Kieler Hafen beobachten

nostalgisch anmutende Laternen, stattliche Häuser aus der Kaiserzeit und viele kreative kleine Lädchen machen die Straße zur exquisiten Flaniermeile. Hier steht auch der Warleberger Hof. Das Adelspalais (1616) mit mittelalterlichem Brunnen ist heute Stadtmuseum.

Schlossgarten, Alter Botanischer Garten, Ratsdienergarten und Hiroshimagarten – die grünen Highlights runden den Ausflug in die schöne, junge alte Stadt ab.

Schifffahrtsmuseum

In der alten Fischhalle von 1910 an der Förde kann man tiefer in das maritime Kiel eintauchen und mehr erfahren zur Werft-, und Kolonialgeschichte, zu Fischfang und Segelsport.
Wall 65

Die Kieler Woche

Wenn in Kiel zehn Tage lang Segler aus aller Welt in Regatten um Trophäen kämpfen, ist das einer der jährlichen Höhepunkte im Segelsport, und das seit 1882. Besucher erleben mit Windjammerparade, Straßenveranstaltungen und Feuerwerk die größte Outdoor-Party in Nordeuropa.

31

Lübeck

Die Königin unter den Hansestädten

Auf circa zwei lebendigen Quadratkilometern zwischen Trave und Wakenitz ballen sich knapp 900 Jahre Geschichte in Gassen, Gängen, Straßen und auf Plätzen mit Cafés und Manufakturgeschäften, die altes Handwerk neu interpretieren. Am besten lässt man sich treiben in der Hansestadt Lübeck, die durch ihren einzigartigen Mix aus Geschichte und Moderne fasziniert. Im Zentrum liegt alles nur einen Steinwurf voneinander entfernt. Der Aussichtsturm der St.-Petri-Kirche eröffnet dabei ein traumhaftes Panorama.

Stattliche Kaufmannshäuser mit ansehnlichen Treppengiebeln, ins Stadtbild integrierte Reste der alten Stadtmauer und zahlreiche Museen erzählen von der einst mächtigen Hansestadt, deren sieben Kirchtürme und das Holstentor ihr unverkennbares Markenzeichen bilden. Nicht von ungefähr ist die Insel-Altstadt als erster Stadtbereich in Nordeuropa ins Welterbe der UNESCO aufgenommen worden.

Die Lage an Trave und Wakenitz mit Anbindung an die Ostsee und nach Hamburg machten Lübeck im Mittelalter zum wichtigen wirtschaftlichen Knotenpunkt im Norden. Die Handelswege der Hanse führten von Russland bis nach Genua und Barcelona. Wertvolle Handelsgüter wie das Salz aus Lüneburg wurden in Lübeck umgeschlagen. Das Marzipan fand wohl aus dem Orient den Weg hierher und war anfangs eine Rarität, die nur in Apotheken vertrieben wurde. Ein kleines Marzipan-Museum im Niederegger-Stammhaus gegenüber dem Rathaus in der Breiten Straße

Bahn

- Lübeck Hbf
- RE alle 30 Min. (ab Hamburg Hbf 44–48 Min.)

Auto

- 67 km, ca. 50 Min.

Nicht verpassen

- In den reizvollen Rippenstraßen im Osten der Altstadt bummeln. In Fleischhauer-, Hüx- und Wahmstraße laden kreative Läden dazu ein.
- Im Altstadtbad Krähenteich im Ägidienviertel ein paar Runden drehen und auf der Liegewiese entspannen
  An der Mauer 51 | www.altstadtbad-kraehenteich.de

Das Burgtor ist neben dem Holstentor das einzig erhaltene der vier Stadttore

Idyllisches Alltagsleben direkt am Wasser

erzählt, wie es der Ulmer Johann Georg Niederegger schaffte, das Lübecker Marzipan zur weltberühmten Köstlichkeit zu machen.

1143 gegründet, erlangte Lübeck 1226 als erste deutsche Stadt Reichsfreiheit. Die Autonomie, die daraus für Rat und Kaufmannschaft folgte, prägte Politik, Gesellschaft und Kultur über Jahrhunderte. Im Rathaus (1230), einem der größten und ältesten in Deutschland, das heute noch so genutzt wird, fanden die Hansetage statt, zu denen die Mitglieder aus aller Herren Länder anreisten. Die Fassade ist eine bemerkenswerte Mischung unterschiedlichster Stile und zeigt eine Schauwand mit dunklen Steinen, Winddurchlässe und Türmchen, einen Renaissancevorbau, Kanzleigebäude, Erker und Prunktreppe. Die imposante Marienkirche nebenan, ein weiterer Symbolbau der Kaufleute ab 1250, trägt mit 40 Metern das höchste Backsteingewölbe der Welt. Sie gilt als bahnbrechender Bau der Backsteingotik in Norddeutschland, errichtet nach dem Vorbild französischer Kirchen der Zeit.

Hinter der Kirche vorbei am Buddenbrookhaus in der Mengstraße, das Lübecks Sohn Thomas Mann und seinem Familienepos gewidmet ist, führt der Weg

In den Gängen und Gruben lebt es sich heute wie im Bilderbuch

exemplarisch für die Wohngegenden der kleinen Leute in die Gänge der Handwerker und Tagelöhner an der Trave. Hinter unscheinbar wirkenden Torbögen eröffnet sich im Hellgrünen Gang am Engelswisch 28 ein faszinierender Einblick in die Bebauung einer Stadtinsel, die nicht ohne Weiteres mit der boomenden Wirtschaft und Bevölkerung wachsen konnte: Ein Geflecht aus kleinen, heute liebevoll gepflegten Wegen und Häusern breitet sich aus. Insgesamt gibt es noch 90 dieser Gänge und so viel mehr zu erleben in der kleinen, aber gleichzeitig großen Inselstadt.

★ Europäisches Hansemuseum

Eine multimediale Ausstellung bietet das moderne Europäische Hansemuseum, das den Komplex des Burghofs mit Stadtmauer und das Burgkloster (ein 1229 errichtetes Dominikanerkloster) in seine Architektur integriert. Mit wunderschöner Aussichtsterrasse!
An der Untertrave 1 | www.hansemuseum.eu

★ Das Buddenbrookhaus

Das historische Gebäude in der Mengstraße wird zurzeit umfassend erweitert. Eine Ausstellung zu Thomas und Heinrich Mann zeigt solange das Stadtpalais Behnhaus.
Königstraße 9 | www.buddenbrookhaus.de/buddenbrooks-im-behnhaus

32

Neumünster

Industrie meets Kultur

Neumünster ist Heimat eines bedeutenden klassizistischen Kirchenbaus und Stätte interessanter Industriegeschichte. Verkehrsgünstig zwischen Hamburg und Kiel gelegen war die Stadt über Jahrhunderte größter Industriestandort zwischen Nord- und Ostsee. Zunächst kamen die Tuchmacher, später Gerbereien, Textil- und Lederfabriken, die sich rund um den innerstädtischen Mühlenteich ansiedelten. Einige von ihnen sind erhalten und dienen heute als Kultur- und Dienstleistungszentren.

Der Zweite Weltkrieg, Bausünden der Jahrzehnte danach und der Niedergang der Leder- und Textilfertigung in den 1960er-Jahren haben der Stadt zugesetzt. Doch Neumünster hat sich gemausert und setzt auf Kreativität. Das Kulturfestival Kunstflecken im September feiert stylish drei Wochen lang bei Poetry Slams, Bandmusik und Kabarett zwischen historischen Webstühlen und Maschinen in alten Fabrikhallen. Und dienten früher Grünanlagen in der Malocherstadt dazu, den Arbeitenden ein wenig Rekreation zu erlauben, wird heute auf entspannende Inspiration gesetzt, zum Beispiel mit ausgefallenen Kunstinstallationen im Gerisch-Skulpturenpark.

Der Puls der Stadt schlägt noch immer im Zentrum: um den Mühlenteich, um den geschäftigen Platz Großflecken mit Historischem Rathaus und Alter Post sowie um die Vicelin-Kirche. Die prachtvolle dreischiffige Saalkirche von 1834 imponiert mit einem streng klassizistischen Stil um zwei Emporen aus der Feder Christian Frederik Hansens. Man ehrte mit dem Namen den Slawenmissionar Vicelin, der 1127 mit der Gründung eines neuen Klosters (novum monasterium) den Grundstein Neumünsters gelegt hatte.

Bahn

- Bahnhof Neumünster
- RE alle 30 Min. (ab Hamburg Hbf 50 Min.)

Auto

- 65 km, ca. 67 Min.

Nicht verpassen

- Textilgeschichte erleben im Museum Tuch & Technik. Highlight ist der 20 m lange und 3 m hohe Dreikrempelsatz, eine Maschine zum Wollekämmen.
- Sich im Harry Maasz Café in der Gerisch-Stiftung die Heidelbeer-Schmand-Torte schmecken lassen

Das Alte Rathaus stand ab 1900 repräsentativ für die wirtschaftliche Blüte der Stadt

Im Gerisch-Skulpturenpark kommen Landschafts- und Kunstliebhaber auf ihre Kosten

33 Neustadt in Holstein

Eine Brücke verbindet

In der kleinen Hafenstadt in der Neustädter Bucht dümpeln am Ostufer Fischerboote; Jachten und Traditionssegler liegen vor Anker. An der Uferpromenade überrascht Outdoorkultur auf dem Kunst-Kilometer, am Westufer bestimmen Getreidespeicher und geschäftiger Betrieb die Hafensilhouette. Im Brackwasser und in den Salzwiesen weiter nördlich brüten Wat- und Wasservögel. Und im Ortsteil Pelzerhaken wartet ein schöner Strand. Entlang der Bucht, die die Stadt in Westufer und Ostufer trennt, entfaltet Neustadt seine Vielfalt. Wer vom Bahnhof auf der Westseite ins Stadtzentrum über die einzige Brücke will, die beide Teile verbindet, hätte vor 90 Jahren noch Brückengeld zahlen müssen.

Sicherheit versprach sich der Schauenburger Graf Adolf IV. für den Hafenort, den er 1244 an der geschützten Enge gründete. Neustadt gedieh unter anderem durch den Handel mit Getreide und Holz aus dem Umland – und Fisch. Die Neustädter Fischerinnung ist eine der ältesten in Deutschland. Im Pagodenspeicher (1830), mit durchgestuftem Walmdach exotisch anmutendes Wahrzeichen der Stadt, lagerte das Getreide.

Die gemütliche Altstadt mit großem Marktplatz und klassizistischem Rathaus ist in ihrer ursprünglichen Anlage erhalten, auch wenn ein verheerender Brand von 1817 zwei Drittel der Stadt zerstörte. Das Kremper Tor (heute Museum) blieb stehen und gilt als das letzte verbliebene mittelalterliche Stadttor in Holstein. Die kleinen Gassen führen runter zum Binnenwasser oder zum Hafen.

Bahn

- Bahnhof Neustadt
- RB alle 60 Min. ab Lübeck Hbf (ab Hamburg Hbf mit Umsteigen in Lübeck Hbf 98 Min.)

Auto

- 94 km, ca. 64 Min.

Hofanlage Marienhof

Durch die denkmalgeschützte Hofanlage Marienhof schlendern: Der alte Pferdestall ist heute Café, der alte Kuhstall Restaurant und in der Treckerscheune werden heute nette Geschenke angeboten. Der Hof von 1871 wurde nach dem Brand vor der Stadt erbaut. *Rosengarten 50 | www.hofanlagemarienhof-neustadt.de*

Der Hafen ist das Herz der Stadt

Funde im Wasser vor dem Hafen belegen: Hier siedelten schon in der Steinzeit Menschen

34 Niendorf

Am tiefsten Punkt Deutschlands die Aussicht genießen

Offiziell gehört Niendorf als Teil der Großgemeinde zu Timmendorfer Strand nebenan, aber der Fischerort muss sich hinter der schicken großen Schwester nicht verstecken. Niendorf wirkt naturverbundener als die Bäder, die sich entlang der Lübecker Bucht aneinanderreihen. Im kleinen Fischerei- und Jachthafen, dem sozialen Mittelpunkt des Orts, wird auf einer Werft noch richtig gearbeitet. Eine Fischfangflotte fährt täglich auf die Ostsee. Kunsthandwerkende bieten ihre Waren auf dem Fischmarkt an, während die Fischer an ihren Verkaufsbuden schon früh am Morgen ihre fangfrische Ware verkaufen.

Das herausragendste Stück Niendorf ist die moderne, 185 Meter lange, mit Klettergerüst und Holzliegen ausgestattete Seebrücke, deren Kopf dem eines Fisches ähnelt. Zusammen mit dem Meerwasser-Schwimmbad nebenan ist sie der touristische Mittelpunkt des Orts. An diesem Abschnitt ist der Sand auch feiner als weiter östlich in der Nähe des Hafens, zu dem Niendorf übrigens erst 1922 gekommen ist.

Anfang des 19. Jahrhunderts durften die Niendorfer erstmals in der Ostsee fischen. In den Jahrhunderten davor versorgten sie sich aus dem Hemmelsdorfer See an der Aalbeek. Ein Wanderweg führt durch das wunderschöne Wiesen- und Bruchgelände des Naturschutzgebiets der Aalbeek-Niederung zum fünf Kilometer langen See, in dem mit 39,5 Metern der tiefste Punkt Deutschlands liegen soll. Wer am Nordufer auf den Hermann-Löns-Aussichtsturm steigt, genießt die Aussicht auf den See und die umgebende Landschaft.

Bahn & Bus

- Haltestelle Niendorf Hafen
- Bus 40 ab Timmendorfer Strand (ab Hamburg Hbf mit Umsteigen in Timmendorfer Strand 83 Min.)

Auto

- 82 km, ca. 57 Min.

Nicht verpassen

- 4 Kilometer an der Steilküste des Brodtener Ufers nach Travemünde laufen und die wunderschöne Aussicht auf die Lübecker Bucht genießen
- Im *Rendez Vous* direkt im Hafen auf der Terrasse köstlichen Fisch auf französische Art schlemmen *www.rendezvous-niendorf.de*

Von der Seebrücke geht der Blick weit über die Ostsee

Am Strand verbringt man herrliche Sonnenstunden

35 Plön

Stattliches Schloss vor Seenlandschaft

Im schönen Plön steht alles im Zeichen des Wassers. Die gemütliche Kleinstadt zwischen Lübeck und Kiel ist umgeben davon. Schon die Begrüßung setzt Maßstäbe: Der Bahnhof liegt direkt am Großen Plöner See. Die großartige Aussicht genoss schon die kaiserliche Familie, für die der klassizistische Bahnhof gebaut wurde. Ende des 19. Jahrhunderts schickte Kaiser Wilhelm II. seine Söhne zur Ausbildung nach Plön.

Das Schloss ist weithin sichtbares Wahrzeichen der Stadt und thront erhaben über Kirche und Markt. Durch verwinkelte Twieten geht's hinauf, vorbei an Lädchen mit buntem Sortiment, Hinterhöfen, Cafés und Restaurants. Eine Führung erklärt die wechselvolle Schlossgeschichte von einer um 1633 errichteten Hauptstadtresidenz der Plöner Herzöge über eine preußische Kadettenschule im 19. Jahrhundert bis zur jetzigen Akademie für Optikernachwuchs. Der Blick von hier auf den Großen Plöner See ist grandios.

Nahebei steht das ehemalige Gartenschlösschen, später Prinzenhaus. Die Ausstattung mit Stuckornamenten und die imposanten Deckengemälde geben einen Einblick in die Pracht um 1750.

Die autofreie Prinzeninsel ragt zwei Kilometer in den Plöner See hinein. An einem idyllischen Strandabschnitt unbedingt ins Wasser springen! An der Spitze der Insel hatte Kaiserin Auguste Viktoria ihren Lieblingsplatz. Ein Pavillon erinnert daran.

Das Wasser hält einen in Bann: auch auf einer Tour auf dem Großen Plöner See, über die fünf Seen Richtung Malente oder beim Kanufahren auf der Schwentine.

Bahn

- Bahnhof Plön
- RE alle 60 Min. ab Lübeck Hbf (ab Hamburg Hbf mit Umsteigen in Lübeck Hbf 97 Min.)

Auto

- 98 km, ca. 73 Min.

Nicht verpassen

- Vom 1888 errichteten Parnaßturm im Norden der Stadt auf die Weite der Seen schauen. *Langenbusch 12*
- Im Café-Bistro Tarte idyllisch an der Schwentine sitzen bei Quiches, Tartelettes und (veganen) Tagesgerichten. *Lübecker Straße 10*

Dem großartigen Blick auf das Plöner Schloss kann man sich nicht entziehen

36 Preetz

Sympathische Klosterstadt

Alte Schusterstadt, bedeutende Klosterstadt, idyllische Seenstadt. Ins gemütliche Preetz lädt historisch und landschaftlich geprägte Vielfalt. Die Stadt zwischen Plön und Kiel ist umgeben von Seen: Vom Postsee im Westen, dem Scharsee im Osten und dem Lanker See im Süden. Die Schwentine fließt durch Preetz und den innerstädtischen Kirchsee, der sich in einer Stunde umrunden lässt.

Die Ursprünge der größten Stadt im Kreis Plön gehen zurück auf das Adelige Kloster Preetz, das 1226 als Benediktinerinnenkloster gegründet wurde. Nach der Reformation ein Damenstift, lenkte das Kloster als Obrigkeit bis ins 19. Jahrhundert die Geschicke des Flecken und der umliegenden Ländereien. Das Außengelände mit Probsten- und Priorinnenhaus, den Gebäuden von Konventualinnen, Kirche und Konvent (beide noch aus dem 13. Jahrhundert) ist frei zugänglich, die Kirche nur mit Führung zu besichtigen.

Ein Teil des alten Fachwerk-Preetz ist um die Stadtkirche erhalten. Hier im Zentrum, in der Kirchenstraße und am Markt, laden Geschäfte mit einem individuellen, kreativ inspirierten Sortiment zum Bummeln ein. Handwerk prägte früh die Stadt mit Goldschmieden, Webern und Töpfern. Am stärksten reüssierten allerdings die Schuhmacher: Mitte des 19. Jahrhunderts machten Meister, Gesellen und Lehrlinge dieses Fachs fast 700 von insgesamt 4600 Bewohnern der Stadt aus. Skulpturen erinnern an diese Zeit. Und in der Stadtkirche hängen vom Schusteramt gestiftete Kronleuchter mit Schusterkrone und hängendem Stiefel aus dem 17. Jahrhundert.

Bahn

- Bahnhof Preetz
- RE alle 60 Min. ab Kiel (ab Hamburg Hbf 96 Min. mit Umsteigen in Kiel)

Auto

- 99 km, ca. 73 Min.

Nicht verpassen

- In den Preetzer Caféstuben oder im Garten direkt an der Schwentine Kaffee und Kuchen oder Herzhaftes speisen. *Lange Brückenstraße 22 | www.preetzer-cafestuben.de*
- Bei einer Klosterführung die historische Bilderbibel in der Kirche bewundern. *Adeliges Kloster Preetz | Klosterhof 5*

Auf der Schwentine der Entspannung entgegenpaddeln

Im Kloster Preetz werden heute auch Wohnungen vermietet

37

Schleswig

Die Große an der Schlei

Das Wasser glitzert in der Sonne, vor dem Stadthafen schaukeln die Boote. Die Spitze des Gottorfer Schlosses leuchtet durch die Baumkronen, am Ostufer überragt der hohe Turm des mächtigen St.-Petri-Doms das Stadtbild und am Westufer grüßt der moderne Wikingturm. Zwischen Kiel und Flensburg erstreckt sich das historisch bedeutende Schleswig weitläufig an der Schlei-Bucht. Die Stadt, ab 947 Bischofssitz, löste die nahe Wikingerstadt Haithabu am Haddebyer Noor Mitte des 11. Jahrhunderts als Handelszentrum im Norden ab und wurde kultureller Mittelpunkt Nordeuropas.

Zeugnis von Schleswigs wechselvoller Geschichte, in denen sich Herzöge und Könige die Klinke in die Hand gaben, legt das mehrfach umgestaltete Gottorfer Schloss ab. Der weiß strahlende Prachtbau wurde auf einer Insel in den sumpfigen Treeneniederungen errichtet, wo einst eine Bischofsburg stand. Ruhm und Glanz zogen mit Friedrich III., Herzog Schleswig-Holstein-Gottorfs, nach Schleswig ein. Er holte sich im 17. Jahrhundert mit dem Maler Jürgen Ovens und dem Gelehrten Adam Olearius geistige und künstlerische Größen an den Hof. In Friedrichs Regierungszeit fiel die Anlage des beeindruckenden Barockgartens. Nach Zerstörungen ist der Garten mit Herkulesteich, Freitreppen und Terrassen inzwischen wieder rekonstruiert. Mittelpunkt ist der Gottorfer Globus, mit drei Meter Durchmesser ein begehbarer Riesenglobus, ursprünglich nach Plänen von Olearius errichtet, heute rekonstruiert. Er zeigt den Sternenhimmel und kann wohl als erstes Planetarium überhaupt gelten.

Das Schlossterrain ist inzwischen eine charmante Museumsin-

Bahn

- Bahnhof Schleswig
- RE alle 60 Min. (ab Hamburg-Altona 83 Min.)

Auto

- 136 km, ca. 105 Min.

Nicht verpassen

- Im Riesenglobus im Schlossgarten auf eine Virtual-Reality-Reise zu den Sternen gehen. *Schlossinsel 1*
- An einer Führung im gut erhaltenen St.-Johannis-Kloster (1194) in Holm teilnehmen. Mit schönem Bibelgarten. *Am St. Johanniskloster 4*

Durch enge Altstadtgassen geht es zum St.-Petri-Dom

sel, die aktuell bis Ende 2027 modernisiert und durch Bauten erweitert wird. Das Landesmuseum für Kunst und Kulturgeschichte und das Archäologische Landesmuseum begeistern mit Ausstellungsstücken wie dem 23 Meter langen Nydamboot aus dem 4. Jahrhundert – es ist das älteste erhaltene noch seetüchtige Ruderboot Nordeuropas. Das Moor hat es bewahrt, genauso wie die spektakulären 2 500 Jahre alten Exponate der mumifizierten Moorleichen. Die Galerie der Klassischen Moderne widmet sich mit Emil Nolde, Ernst Barlach und der Sammlung Rolf Horn dem Expressionismus.

Zurück im Hier und Heute gelangt man über die Promenade am Wasser zu den Königswiesen. Malerisch liegen sie zwischen Schloss und Altstadt an der Schlei und laden auf 16 Hektar mit großer Grünfläche zum Entspannen ein.

Verwinkelte Gassen führen über Kopfsteinpflaster in der pittoresken Altstadt um den alles überragenden St.-Petri-Dom. Ursprünglich im 12. Jahrhundert als romanische Basilika angelegt, wurde er im 13. Jahrhundert zur gotischen Hallenkirche umgebaut. Zurzeit wird er grundlegend saniert, der Turm in Kupfer gehüllt, die Fenster werden restau-

Pittoresk ist die Fischersiedlung Holm

riert. Doch das Highlight, der atemberaubende Bordesholmer Altar von Hans Brüggemann (1521), soll ab Sommer wieder zu bewundern sein. Knapp vierhundert aus Eichenholz kunstvoll geschnitzte Szenen aus der Passionsgeschichte zieren ihn.

Bei einem Kaffee am Kai des nahen Stadthafens lässt man den Blick enstpannt über die Schlei schweifen. Von hier ist es nicht mehr weit zur idyllischen Fischersiedlung Holm. Kleine Häuser aus dem 18. und 19. Jahrhundert säumen den Friedhof mit kleiner Kapelle. Kaum zu glauben, dass dieses Viertel bis 1933 eine Insel war.

★ Wikingersiedlung Haithabu

Auf einem schönen Fußweg läuft man 5 Kilometer direkt an der Schlei zur Wikinger-Siedlung Haithabu. Die Stadt am Haddebyer Noor zog im frühen Mittelalter Händler und Reisende von überall her an, sogar aus dem arabischen Raum. Im 10. Jahrhundert lebten zwischen 1 000 und 2 000 Menschen hier. Geschützt wurde die Region durch das Danewerk, noch heute das größte archäologische Bodendenkmal in Nordeuropa. Rekonstruierte Wikingerhäuser im Außenbereich und wertvolle Artefakte in den Ausstellungshäusern zeugen von der einstigen Bedeutung Haithabus. Danewerk und Haithabu sind UNESCO-Welterbe.

38 Timmendorfer Strand

Auf zum weißen Sand

Im schicksten Ostseeheilbad in der Lübecker Bucht sind die Bänke an der Promenade besonders weiß, der vier Kilometer lange Strand ist es ebenfalls. Die Zigarre wird auch schon mal unterwegs zum Wasser geraucht. Und beim Shopping-Bummel laden die edelsten Geschäfte mit feinsten Pralinen, Mode- und Schmuckmarken ein. Alles ist etwas größer und kunstliebender als in den benachbarten Bädern. Die mannshohen Garten-Dekors und die exzentrische Bäderarchitektur sind wahre Blickfänger. Und kulinarisch glänzen mit dem Balthazar und der Orangerie gleich zwei Sterne-Restaurants.

Ende des 19. Jahrhunderts wurde Timmendorf als Badeort interessant. Erste Hotels wurden gebaut. Nach dem Zweiten Weltkrieg mit Groß- und Klein-Timmendorf, Hemmelsdorf und Niendorf zu der Großgemeinde Timmendorfer Strand verbunden, entwickelte sich das Bad zunehmend zur ersten Urlaubsadresse jener Großstädter, die es extravagant und etwas luxuriöser mögen.

Extravagant ist auch das asiatisch anmutende Pagodenhaus, das die Seebrücke am schneeweißen Hotel Seeschlösschen ziert – ein Restaurant und Teehaus. Außergewöhnlich sind die Pläne der neuen Seebrücke beim Hotel Maritim. 250 Meter soll sie ins Meer führen und durch einen Rundweg auf 430 Meter Lauflänge kommen. Dazu bringen Schiffsanleger und Lichtelemente das Maximum an Strahlkraft an die Ostsee. Wer Ruhe sucht, findet im Alten Kurpark Entspannung von all dem Glanz. Trauerweiden, Kastanien, Ahorn, Seerosenteich und pittoreske Bogenbrücken formen ein unerwartetes Idyll.

Bahn

- Bahnhof Timmendorfer Strand
- RB alle 60 Min. ab Lübeck Hbf (ab Hamburg Hbf mit Umsteigen in Lübeck Hbf 76 Min.)

Auto

- 79 km, ca. 54 Min.

Restaurant Wolkenlos

Im *Wolkenlos* auf der Seebrücke genießt man ungewöhnliche Aussichten. Hier wandelt man übers Wasser, denn neben Tee und Köstlichkeiten aus dem Meer bietet das Restaurant durch den Glasboden einen Blick auf die See.
Strandallee 144 | *www.wolkenlos-timmendorf.de*

Entspannung pur am weißen Timmendorfer Strand

Zwischen Strand und Kurpromenade steht die alte Trinkkurhalle aus den 1950er-Jahren

39 Travemünde

Hier hat Badekultur eine lange Tradition

Unter den Ostseebädern in der Lübecker Bucht ist Travemünde das großzügigste was Weitläufigkeit und Atmosphäre betrifft. Schon Kaiser Wilhelm II. genoss es im mondänen Seebad bei der Travemünder Woche, Thomas Mann verewigte den Ort literarisch in den *Buddenbrooks.*

Bevor es an den 4,5 Kilometer langen Strand diesseits und auf den Priwall jenseits der Trave geht, führt ein Bummel in der Kaiserallee und auf der neuen Strandpromenade an den Villen in markanter Bäderarchitektur vorbei. Im historischen Kern stehen um die St.-Lorenz-Kirche die ältesten Häuser des Ortes. In einem davon wurde der Plan geschmiedet, Herbert Frahm, alias Willy Brandt, von Travemünde aus mit einem Kutter 1933 die Flucht nach Dänemark zu ermöglichen. Auf der Nordermole kommen einem die Schiffsriesen ganz nah, die vom Skandinavienkai aus die Welt befahren. Gegenüber erinnert an der hochmodernen Terrassenpromenade am Priwall das Viermast-Museumsschiff *Passat* (1911) an zurückliegende große Zeiten der Segel-Schifffahrt. Und gerade entsteht im alten Fischereihafen ein neues Hafenquartier.

Durch den Kauf des seit dem 12. Jahrhundert belegten Fischerorts sicherte sich Lübeck ab 1329 die Kontrolle der Schiffe, die über die Travemündung kamen. Der Stadthauptmann logierte in der Alten Vogtei (Vorderreihe 7). Ein Blick in das aus dem frühen 17. Jahrhundert erhaltene Gebäude lohnt nicht nur wegen der Angebotsvielfalt aus Kunsthandwerk, Restaurant und Teekontor, sondern auch wegen der Dielentreppe im Rokokostil und der Deckenmalerei.

Bahn

- Bahnhof Travemünde Strand
- RB alle 60 Min. ab Lübeck Hbf (ab Hamburg Hbf mit Umsteigen in Lübeck Hbf 81 Min.)

Auto

- 84 km, ca. 58 Min.

Nicht verpassen

- Mit der Fähre auf den Priwall übersetzen und im Passathafen den Flying P-Liner *Passat* aus der Hamburger Reederei F. Laeisz besichtigen. *Priwallpromenade 3a*
- Im ältesten Leuchtturm Deutschlands die maritime Ausstellung erkunden und sich am Ausblick erfreuen. *Am Leuchtenfeld 1*

In Travemünde gehen große wie kleine Schiffe vor Anker

Promille-Weg
Barbecue Area
Kleine-Kneipe
Schnaps Allee
KEIN KUCHEN
Werkstatt
Zickenstube

Inspiration tanken

Wunderbare Orte südlich und östlich von Hamburg

40

Bardowick

Einst größer als Lüneburg

Stilisierte Pferdeköpfe – der typische Giebelschmuck – zieren das niedersächsische Fachwerk, Blumenschmuck die Straßenlaternen. Viele Hofstellen bieten Gemüse aus der Region. Und jeder wird mit einem Lächeln gegrüßt. Bardowick an der Ilmenau nahe Lüneburg heißt Besucher freundlich willkommen – das war schon mal anders.

Ihre Blütezeit erlebte die Stadt im 10./11. Jahrhundert. Als Grenzstadt zum Slawengebiet und Transporthafen unter anderem für das Salz aus Lüneburg zur Elbe war Bardowick der Augapfel der damaligen Kaiser. Ab 965 prägte die einst größte Stadt der Region ihr eigenes Geld, den Bardowicker Pfennig, und erhielt das Zollrecht. Nach den Slawenkriegen war der Zugang zur Ostsee sicher, und Heinrich der Löwe, Herr über Bardowick, widmete sich voller Elan der Stärkung Lübecks. Damit nicht genug, brannte er die Stadt 1189 einfach nieder, weil die Bardowicker den zu dieser Zeit vom Kaiser Geächteten nicht in die Stadt ließen.

Ein gut ausgeschilderter Rundweg führt an historisch bedeutende Stätten. An der Alten Schleuse erinnert das Museumsschiff *Ilmenau* an die lange Tradition der Bardowicker Binnenschiffer-Flotte. Und der Nikolaihof, ein Spital aus dem 14. Jahrhundert, ist ein beeindruckendes Ensemble aus Kapelle, Wohn- und Wirtschaftsbauten des Mittelalters.

Hauptanziehungspunkt ist der imposante Dom St. Petri et Pauli mit seinen gedrungenen Türmen. Die Ursprünge sollen auf Karl den Großen zurückgehen, der hier einen Bischofssitz gründen wollte. Am Südportal erinnert eine kleine Löwenstatue an die erlittene Barbarei. Die lateinische Inschrift lautet: „Des Löwen Spur".

Bahn

- Bahnhof Bardowick
- RB alle 60 Min. (ab Hamburg Hbf 42 Min.)

Auto

- 53 km, ca. 37 Min.

Meyers Windmühle

Im Mühlencafé einen leckeren Kaffee und ein Stück Torte genießen. Währenddessen drehen sich die Flügel der Mühle von 1813. Im Mühlenladen gibt's nicht nur Mehl in allen Varianten, sondern auch viele Delikatessen und Selbstgebackenes. *Mühlenstr. 38 | www.meyers-windmuehle.de*

Obwohl die ehemalige Stiftskirche Dom genannt wird: Bischofssitz war Bardowick nie

Als die Ilmenau ab Lüneburg noch nicht schiffbar war, hatte Bardowick seine Hochzeit

41

Boizenburg

Unverfälschter Fachwerktraum im Biosphärenreservat

Im Dreiländereck Mecklenburg-Vorpommern, Niedersachsen und Schleswig-Holstein gelegen hat sich das ehemalige innerdeutsche Grenzstädtchen ein unaufgeregtes Flair bewahrt. Die Altstadt ist ein Fachwerktraum aus alter Substanz, Schnitzarbeit und Schmuckdekor – nichts ist hochglanzpoliert. In den Cafés und Restaurants gibt es Bodenständiges. Filialen großer Einkaufsketten verschwinden fast hinter schnieken Altbaufassaden.

Schon die Slawen hatten im 8. Jahrhundert an der Elbmündung von Sude und Boize eine Burg errichtet, im 13. Jahrhundert florierte eine Kaufmannssiedlung. Doch 1709 wurde Boizenburg durch einen Brand fast vollständig zerstört. Was danach entstand, ist äußerst sehenswert, so wie die dreischiffige Backsteinhallenkirche St. Marien am Markt. Daneben beeindruckt das frei stehende Rathaus im barocken Stil: Grüne Fensterrahmen, graues Fachwerk, roter Backstein und ein schwingendes Walmdach sieht man in dieser Kombination nicht oft im Norden.

Auf den Wallanlagen aus dem 12. Jahrhundert geht es romantisch unter Linden an Wassergräben entlang um die Altstadt herum. Kleine Brücken führen über das Wasser.

Im Südwesten im Färbergraben kommen Natur und Kultur kreativ zusammen: Aus Weiden geformte überlebensgroße Musikinstrumente führen im „symphonischen Weidengang" zu einem Aussichtsturm. Der Blick von oben weist in die Elbtalauen des Biosphärenreservats Flusslandschaften Elbe Mecklenburg-Vorpommern und in den Hafen. Schwimmkran und Eisenbahn-Drehkran erinnern an die ehemalige Elbewerft, bis Ende der 1990er-Jahre bedeutendste Arbeitgeberin der Stadt.

Bahn

- Bahnhof Boizenburg
- RE alle 120 Min. (ab Hamburg Hbf 46 Min.)

Auto

- 77 km, ca. 60 Min.

Nicht verpassen

- Fliesen gucken – im Stadtbild trifft man auf pittoreske und farbenfrohe Fliesenbilder
- Das Elbbergmuseum am westlichen Ortsausgang besuchen. Es erklärt unter anderem die Geschichte der Grenzregion nach 1945.

Seltener Anblick im Norden – die barocke Architektur des Rathauses von 1711

Schöne Spaziergänge führen malerisch am Wallgraben entlang

42

Bremen

Eine Stadt voller Bürgerstolz

Die Freie Hansestadt trägt stolz ihren Titel. Der Marktplatz ist das Zentrum, die Keimzelle Bremens. 1 200 Jahre vereinen sich hier: Ratsapotheke, Dom und Handelskammer, Neues Rathaus, der Roland und das alte gotische Rathaus mit dieser unfassbar üppig ausgeschmückten Fassade im Stil der Weserrenaissance. Das Haus selbst wurde 1410 errichtet, die Fassade kam 200 Jahre später hinzu. Im Inneren wartet unter anderem die Güldenkammer. Sie ist mit Schnitzkunst, Gemälden sowie mit Jugendstilmalereien des Worpsweder Malers Heinrich Vogeler ausgestattet.

Da hat sich die Bürgerschaft durchaus etwas einfallen lassen, um ihrem Streben nach Unabhängigkeit Ausdruck zu verleihen. Man wollte sich lösen von der Herrschaft des Erzbischofs und die Geschicke als freie Reichsstadt, die Teil der Hanse war, selbst bestimmen. Vollständig eingelöst wurde das allerdings erst 1647. Heute gehören das Alte Rathaus sowie der Roland, der seit 1405 über Handel und Marktrecht wacht, zum Unesco-Welterbe. Hier oben auf einem Dünenrücken stand schon 789 der erste Dom, nach Zerstörungen, Wiederaufbau und Verfall erhielt er im 19. Jahrhundert seine heutige Gestalt. Das Dommuseum zeigt bedeutende Funde aus den bischöflichen Gräbern, die man in den 1970er-Jahren hier entdeckt hat.

Etwas versteckt hinter dem Rathaus wartet das heimliche Wahrzeichen der Stadt: Esel, Hund, Katze und Hahn, die sich, als Nutztiere ausgemustert, laut den Brüdern Grimm auf ihre alten Tage Schutz

Bahn

- Bremen Hbf
- ICE alle 60 Min. (ab Hamburg Hbf 55 Min.)
- RE alle 60 Min. (ab Hamburg Hbf 69 Min.)

Auto

- 126 km, ca. 75 Min.

Nicht verpassen

- Das Hafenmuseum erkunden
  Am Speicher IX 1
- Vom Südturm des Doms auf die Stadt hinunterblicken
  Sandstraße 10–12
- In der Konditorei Café im Schnoor lokale Spezialitäten kosten
  Marterburg 32 | www.schnoorkonditorei.de

Wer beide Beine des Esels gleichzeitig reibt, dem werden Wünsche erfüllt

und eine neue Wirkungsstätte als Stadtmusikanten in Bremen versprachen. Sie kamen hier zwar nie an, doch wurde den Bremer Stadtmusikanten im Sehnsuchtsort ein Denkmal errichtet, das auch als Ausdruck der Weltoffenheit der Stadt gelten kann.

Auf 100 Metern führt die Böttcherstraße vom Markt aus Richtung Weser. Sie ist ein Kunstwerk besonderer Art und weiterer Ausdruck des Bremer Bürgerstolzes: In den 1920er-Jahren kaufte Kaffeehändler Ludwig Roselius, Erfinder des Kaffee HAG, das einzige erhaltene alte Haus von 1588 (das Roselius-Haus) in der Straße. Er setzte mit expressionistischer Architektur, Backsteingotik und vielen dekorativen Elementen auf die Verbindung von Alt und Neu. Das Glockenspiel bringt Meißener Porzellan zum Klingen, „Ozeanbezwinger" wie Kolumbus oder Lindbergh drehen sich derweil in Holz verewigt zur Musik. Hier kann man Zeit verbummeln in den Geschäften mit ausgefallenem Sortiment, den Cafés, Galerien und mit dem Handwerkerhof, wo man Kunstschaffenden beim Glasblasen und Goldschmieden über die Schulter schaut.

Im nahen Schnoorviertel, dem ältesten Viertel Bremens, genießt

Im Schnoorviertel genießen Touristen Kunsthandwerkliches und Delikatessangebote

man das mittelalterliche Flair. Bunte Häuschen reihen sich in engen Gassen wie an einer Schnur (Schnoor) aneinander. Früher lebten hier die Handwerker und Fischer gar nicht weit vom ersten Hafen Bremens, der Balge. Im 17. Jahrhundert wurde der Weser-Nebenarm jedoch zugeschüttet und der Hafen zur Schlachte verlegte, wo heute an der Uferpromenade Traditionsschiffe wie die *Alexander von Humboldt* (1906) vor Anker liegen. Wer der Promenade zwei Kilometer folgt, gelangt in die Überseestadt – neuestes und prächtiges Stadtviertel im ehemaligen Freihafen, wo's noch viel mehr zu entdecken gibt.

★ Kunsthalle Bremen

Zeigt Werke u. a. von Albrecht Dürer, Lucas Cranach d. Ä., Auguste Renoir, Malern der Künstlerkolonie Worpswede und den Brücke-Malern.
Am Wall 207 | www.kunsthalle-bremen.de

★ Paula Modersohn-Becker Museum

Der Malerin Paula Modersohn-Becker ist ein eigenes Museum gewidmet.
Böttcherstraße 6 | www.museen-boettcherstrasse.de

★ Weserburg

Die Weserburg zeigt auf der Weserinsel Gegenwartskunst.
Teerhof 20 | www.weserburg.de

43 Büsenbachtal

Eintauchen in die Lüneburger Heide

„Die Heide, nebelnd, gespenstiglich …, und alles so still, und alles so stumm, man sieht sich umsonst nach Lebendigem um", beschrieb Friedrich Hebbel 1844 in dem Gedicht *Der Heideknabe* die Lüneburger Heide. Er fasste damit Gedanken vieler Wanderer zusammen, die das Gebiet zwischen Hamburg und Celle damals durchstreiften. Durchaus nachvollziehbar, denn die Heide existiert vor allem deshalb, weil hier im Mittelalter großflächig Wald gerodet wurde.

Heute ist der Naturpark Lüneburger Heide mit einer Vielfalt aus Wäldern, Feldern, Mooren und Heideflächen zu weiten Teilen Naturschutzgebiet, der 223 Kilometer lange Heidschnuckenweg führt in mehreren Etappen hindurch. Vor allem zur Blüte im Spätsommer verzaubert die größte zusammenhängende Heidefläche in Mitteleuropa die Ausflügler.

Im Büsenbachtal bei Handeloh ist es besonders idyllisch. Leise plätschernd durchzieht der aus einem Quellmoor stammende Bachlauf die Landschaft, Brücken führen hinüber, die Feenteiche sind wahre Oasen, links und rechts breitet sich die Heide über Hügel und Täler aus, abgelöst immer wieder von Wald. Dem Heidschnuckenweg folgend gelangt man von hier zum Brunsberg (129 Meter), nach dem Wilseder Berg die höchste Erhebung im Naturpark.

Der Rundumblick über den lilafarbenen Heideteppich, aus dem Wacholdersträucher hier und da herausragen, ist wunderschön. Heidschnucken halten die Gewächse in Schuss und garantieren den Honigbienen Spinnenwebenfreiheit. Tiefer geht's durch die nahe Höllenschlucht, ein schmales Trockental, das süße zehn Meter abfällt. Gespenstiglich? Nun, nicht hier. Im Gegenteil.

Bahn

- Bahnhof Wörme Büsenbachtal
- erixx alle 60 Min. ab Buchholz (Nordheide) (ab Hamburg Hbf mit Umsteigen in Buchholz 48 Min.)

Auto

- 48 km, ca. 42 Min.

Café Schafstall

Im historischen Café kann man Kuchen, Torten oder die herzhafte Heidestulle mit hausgemachtem Brot und andere Kleinigkeiten im idyllischen, weitläufigen Garten probieren.
Am Büsenbach 35 | www.cafeschafstall.de

Heidschnucken schnökern (naschen) gern – besonders beliebt ist das Heidekraut

Im Büsenbachtal bekommt man Lust auf mehr Heide

44 Celle

Grandezza in der Heide

In der Schlossstadt im Süden der Lüneburger Heide verbringt man einen Tag in einem Mix aus höfischem Flair, altem Fachwerk und klassischer Moderne. Im Zweiten Weltkrieg weitgehend verschont geblieben, konnte sich die alte Substanz der 1292 gegründeten und später zur Festung ausgebauten Stadt erhalten.

Und so bummelt man durch Altstadtgassen an Giebelhäusern vorbei, die zwischen 1500 und 1800 errichtet wurden und mit vorspringenden Geschossen, bunten Fassaden, reicher Ornamentik und Erkern ein märchenhaftes Fachwerk-Defilee bieten. Celles Altstadt gilt mit mehr als 400 denkmalgeschützten Fachwerkbauten als eines der größten geschlossenen Ensembles Europas. Viele der Häuser sind Cafés und Restaurants, kleine Läden mit Spezialitäten, Antiquitäten, Mode, Handgemachtem und Ausgefallenem, liebevoll und aufwendig von den Besitzern saniert. Typisch ist die Anlage aus Haus, geschlossenem Hinterhof und Remise bzw. Stall, in dem früher Hühner oder Schweine untergebracht waren. Denn Celle war eine Stadt der Ackerbürger.

Das Schloss, bis 1378 eine Burganlage, wurde 1433 zur ständigen Residenz der Herzöge Braunschweig-Lüneburg ausgebaut. Im heute vierflügeligen Bau ist die Schlosskapelle im Renaissancestil hervorzuheben mit wunderschönen Malereien und einer reichen Ausstattung aus nachreformatorischer Zeit. Im Grün des Schlossparks macht man eine ausgedehnte Pause, bevor man auf einem Rundweg die weniger ornamentale Bauhaus-Architektur Otto Haeslers erkundet. Zwischen 1924 und 1930 entstanden die funktionalen Gebäude.

Bahn

- Bahnhof Celle
- ICE alle 60 Min. (ab Hamburg Hbf 69 Min.)

Auto

- 120 km, ca. 90 Min.

Nicht verpassen

- Im Café Kiess & Krause die Sitznische (1928) von Otto Haesler mit kleiner Ausstellung genießen *Großer Plan 16*
- Das Hoppener Haus von 1532 mit reicher Ornamentik anschauen, u.a. Teufel, Narren und Götter. *Poststraße 8*

Das Celler Schloss diente bis 1705 den Welfenherzögen als Hauptresidenz

Vor schönster Fachwerkkulisse das Celler Markttreiben genießen

45 Herrenhäuser Gärten

Lustwandeln durch Outdoor-Barock

Glockenfontäne, Schloss und historische Grotte – in den Herrenhäuser Gärten schwelgt man in der Pracht des Barock. So herrlich wie Versailles, der damalige Nabel der Welt, sollte die Sommerresidenz der Welfenfürsten im 17. und 18. Jahrhundert mindestens werden. Ein ehrgeiziges Ziel, dessen Verwirklichung noch heute Besucher erfreut, denn die ursprüngliche Struktur des Großen Gartens in barocker Form ist noch erhalten.

Wege- und Sichtachsen führen zu eindrucksvollen Wasserspielen und Repräsentationsräumen unter freiem Himmel. Auf der imposanten dreireihigen Lindenallee geht es bei einem schönen Spaziergang kilometerweit am Einfassungskanal entlang. Unterhalb des Schlosses flaniert man an Kaskade und dem Großen Parterre vorbei – einem Freiluftsaal mit abends wunderschön illuminierter Glockenfontäne. Man bewundert im Orangenparterre die hier im Sommer ausgestellten Zitruspflanzen, verweilt ein wenig länger im romantischen Rosengarten und dreht ein paar Runden im Irrgarten. Eine tolle Kulisse für Tanz und Theater, auch heute noch, ist das Heckentheater. Die Bühne verjüngt sich hin zu einem Wasserfall und wird stilvoll eingefasst von vergoldeten Skulpturen, die Figuren aus der antiken Mythologie darstellen.

Hauptattraktion ist jedoch die Große Fontäne, die heute gut 70 Meter in die Höhe schießt. Damals übertraf sie mit 36 Metern die Konkurrentin in Versailles und wurde als höchste ihrer Art in Europa gefeiert. Auch der Berggarten mit über 12 000 Pflanzenarten und einer der größten Orchideenausstellungen der Welt ist einen Besuch wert.

Bahn

- Haltestelle Herrenhäuser Gärten
- Straßenbahn ab Hannover Hbf (ab Hamburg Hbf mit ICE und Umsteigen 95 Min.)

Auto

- 163 km, ca. 120 Min.

Nicht verpassen

- Die historische Grotte bestaunen, in der Niki de Saint Phalle mit Glas, Spiegeln und Sternenkosmos ein funkelndes Kunstwerk geschaffen hat
- Traumhafte Kuchen und Torten aus der Patisserie der Schlossküche probieren

Durch das Goldene Tor zur Galerie mit fantastischen Wandmalereien im Festsaal

Großer Garten: Ein Spiegel barocker Macht im Freien

46 Hitzacker

Nah am Wasser gebaut

„Kleine Stadt mit großem Charme" – so beschrieb Prinz Claus, verstorbener Gemahl der früheren niederländischen Königin Beatrix, einst seine Heimatstadt im nördlichen Wendland. Und wer durch die denkmalgeschützte Fachwerkstadt schlendert, in einem Café das Flair aufnimmt und sich von den kleinen, feinen Kunsthandwerksläden inspirieren lässt, kann es ihm nachempfinden und weiß, der längere Weg hierher hat sich gelohnt.

Elbe und Jeetzel bestimmen seit jeher das Leben der Inselstadt. Schifffahrt und Handel brachten Wohlstand, bevor die Jeetzel versandete. 1258 wurde der Hafen angelegt und die Kirche gebaut. Am Alten Zollhaus legten die Schiffe damals noch direkt an einem Wasserlauf an. Heute beherbergt das älteste Haus der Stadt von 1589 das Heimatmuseum.

Das idyllische Städtchen wurde immer wieder von Hochwasser bedroht – 2006 setzte die bisher schlimmste Überflutung mit einem Pegelstand von 15,12 Metern die Altstadt unter Wasser. Danach wurde investiert. Heute schließen sich bei Elbhochwasser vier mächtige Tore. Zusammen mit Schutzwand, Siel und Schöpfwerk bilden sie eines der größten Wasserbauprojekte Niedersachsens. Die Füße bleiben hier unten nun so trocken wie am höchsten Punkt der Stadt. 164 Treppen führen zum Weinberg hinauf, wo schon im 9. Jahrhundert eine Befestigungsanlage stand und 99 Reben das edle „Hidesaker Weinbergströpfchen" hervorbringen. Wenn der Blick von hier oben über die kleine Stadt im Biosphärenreservat Niedersächsische Elbtalaue schweift, hat man die Worte des Prinzgemahls wieder im Ohr.

Bahn

- Bahnhof Hitzacker
- erixx mehrmals am Tag ab Lüneburg (ab Hamburg Hbf mit Umsteigen in Lüneburg 102 Min.)

Auto

- 102 km, ca. 76 Min.

Nicht verpassen

- Das Archäologische Zentrum besuchen und dem Leben der ersten Siedler der Region auf die Spur kommen. *Elbuferstraße 2–4 | www.archaeo-zentrum.de*
- Bei WöckworX, Töpferei & Die Fahrradvase stöbern. Ungewöhnliche handgemachte Töpferkunst. *Am Markt 8 | www.fahrradvase.de*

Der Weg hinauf auf den Berg lohnt sich, die Aussicht ist großartig

47 Lauenburg

Elbschifffahrt in Hanglage

Treppauf, treppab erobern sich Besucher die hübsche Stadt in Hanglage im Dreiländereck Mecklenburg-Vorpommern, Niedersachsen und Schleswig-Holstein, wo die Elbe und drei Kanäle zusammenfinden.

In den Gassen der Ober- und Unterstadt entfaltet sich der Charme der alten Schiffer-, Kaufmanns- und Handwerksstadt. Schmale Straßen führen an reich geschmückten Fachwerkfassaden von Wohnhäusern, Cafés, Galerien oder Kunsthandwerkerlädchen vorbei. Mit seiner floralen Verzierung ist das älteste Haus der Stadt von 1573, das Mensingsche Haus in der Elbstraße 49, ein Blickfang. Wie auch viele andere Gebäude in der ältesten Straße Lauenburgs, die 800 Jahre Stadtgeschichte eindrücklich widerspiegelt. Lauenburg bietet auf 400 Metern das größte Denkmalensemble Schleswig-Holsteins.

Dem Sachsen Bernhard von Askanien wird die Errichtung der Lauenburg 1182 hoch über der Elbe zugeschrieben. Aus der Burg wurde über die Jahrhunderte ein Schloss, von dem heute nur noch Reste erhalten sind. Von dem Areal genießt man am Askanierblick eine grandiose Aussicht über die Elbtalauen.

Transport, Gewerbe, Handel auf Elbe und Kanälen prägten Lauenburg. Gemüse aus Bardowick, Salz aus Lüneburg und anderes wurden über den Stecknitzkanal nach Lübeck verschifft. Die Industrialisierung brachte Werften und ab 1861 mit der Dampfschifffahrt den Schiffspassagiertransport per Raddampfer. Nach Hamburg war's jetzt ein Tagesausflug. Das Schaufelrad auf dem Lösch- und Ladeplatz am Ufer der Elbe erinnert an die große Zeit. Im Elbschifffahrtsmuseum erfährt man mehr.

Bahn

- Bahnhof Lauenburg
- RE mehrmals am Tag ab Büchen (ab Hamburg Hbf mit Umsteigen in Büchen 54 Min.)

Auto

- 49 km, ca. 46 Min.

★ Fürstengarten

Nicht weit vom Schloss, nach all den Treppen und Schrägen, kann man hier in der Weite des 1590 angelegten Lustgartens im Grün schwelgen und auf der Terrasse des Restaurant Elbterrasse den Blick übers Wasser schweifen lassen.
Fürstengarten 23 | www.elbterrasse-lauenburg.de

Lauenburg breitet sich pittoresk an der Elbe aus

Durch die Altstadt geht es meist auf Kopfsteinpflaster, gutes Schuhwerk ist empfohlen

48 Ludwigslust

Barocke Pracht in Kartonage

Man konnte nicht, wie man wollte, die Mittel des Hauses Mecklenburg-Schwerin waren bescheiden – und doch ist in Ludwigslust Mitte des 18. Jahrhunderts durch ein paar Tricks ein Schloss entstanden, das in seiner barocken Pracht Versailles nacheiferte und noch heute großen Glanz ausstrahlt.

Namensgeber Herzog Christian Ludwig II. hatte sich an dieser Stelle 1735 ein kleines Jagdschloss erbaut. Als sein Sohn Friedrich der Fromme die Residenz von Schwerin hierher verlegte, musste etwas Größeres her: eine Perle, die mit Kaskade und erweitertem Schlosspark ab 1776 dem Leben am Hofe alle Ehre machte. Und das, obwohl der teure Sandstein nur die Fassade verkleidet – das Schloss selbst ist ein Backsteinbau.

Im Ostflügel erstreckt sich über zwei Geschosse der Goldene Saal, ein wahrlich erhabener Festsaal. Zwischen korinthischen Säulen glitzern und glänzen Kristalllüster, Goldausschmückungen und üppig verzierte Spiegel um die Wette – nur ohne Marmor und edle Hölzer, dafür mit Stuckmarmor, weißen Holzpaneelen und Zierbesatz aus Pappmaché. Die Gemäldegalerie erstrahlt auf 165 Quadratmetern mit original Parkettboden und Holzvertäfelung. Ausgestellt sind unter anderem Werke von Canaletto.

Auch der Schlosspark, mit 120 Hektar heute größter Landschaftspark Mecklenburg-Vorpommerns, zeugt von der einst barocken Strahlkraft Ludwigslusts und verzaubert noch heute mit vielen Wasserspielen. Der 28 Kilometer lange künstliche Kanal zapfte Stör und Rögnitz an. Da bei der Anlage ein leichtes Gefälle eingeplant wurde, war für Fontänen und Springbrunnen keine Pumpkraft nötig. Genial in damaliger Zeit.

Bahn

- Bahnhof Ludwigslust
- EC/ICE mehrmals am Tag (ab Hamburg Hbf 49–51 Min.)

Auto

- 118 km, ca. 78 Min.

Nicht verpassen

- Im Schlosscafé Sanddorntorte schlemmen. Auch die Eistorte ist fantastisch. Grandioser Blick von der Terrasse.
- Im Natureum im Schlosspark den Sternberger Kuchen besichtigen, ein fossiles Gestein mit eingeschlossenen Haifischzähnen

Schloss Ludwigslust: außen hui, innen auch

Im Schlosspark kann man zwischen Wasserlauf und 2 700 Pflanzenarten die Zeit vergessen

49 Lüneburg

Von Salz geschaffen

Langweilig – so bezeichnete Heinrich Heine die Stadt an der Ilmenau, als er seine Eltern hier im 19. Jahrhundert besuchte. Heute schüttelt man über diese Aussage verständnislos den Kopf, denn Lüneburg ist mit seinem wundervollen Rathaus, den historischen Plätzen, den Traufen-, Giebel- und Backsteinhäusern, den verwinkelten Gassen und pittoresken Vierteln eine der zauberhaftesten Städte im nördlichen Niedersachsen. Weder verschlafen, noch verstaubt, sondern mit Cafés, kreativen Läden und Märkten fröhlich und voller Geschichte.

Die Entwicklung von der auf dem Kalkberg gelegenen Festung Hliuniburg im 10. Jahrhundert zur reichen Hansestadt hat Lüneburg einem der wichtigsten Güter seiner Zeit zu verdanken: dem Salz. Über 1 000 Jahre förderte das Salzwerk unermüdlich zutage, was als „weißes Gold" unter anderem zur Konservierung von Nahrungsmitteln über Ilmenau, Elbe und Stecknitzkanal nach Lübeck und von dort in die Welt ging. Die Saline erhielt 1273 das Salzmonopol im Fürstentum Lüneburg, die Stadt 1392 das Stapelrecht. Als Mitglied der Hanse wuchs Lüneburgs Bedeutung, die Sülfmeister (Salzsieder) bestimmten die Geschicke der Stadt.

Der damalige Reichtum zeigt sich überall, zum Beispiel auf bedeutenden Märkten. Der Markt Am Sande ist der älteste. Stattliche Backsteinhäuser unterschiedlichster Epochen säumen den einst unbefestigten Warenumschlagplatz. Das imposante Haus mit schwarzem Doppelgiebel (1548) und Fassadenspielereien

Bahn

- Bahnhof Lüneburg
- RE alle 60 Min. (ab Hamburg Hbf 36 Min.)

Auto

- 56 km, ca. 43 Min.

Nicht verpassen

- Im Rathausgarten dem berühmten Meißener-Porzellanglockenspiel aus 41 Glocken lauschen
  Waagestraße
- Im Kloster Lüne den gotischen Handsteinbrunnen, die Wandmalereien im Refektorium u.v.m. bewundern
  Am Domänenhof | *www.kloster-luene.de*

Das Innere des Krans am alten Hafen kann man bei einer Führung erkunden

Durch Lüneburgs Altstadt führen auch kleine Gassen und Straßen abseits des Trubels

(schwarzer Anstrich, Taustein, Tonmedaillons) ist heute die Industrie- und Handelskammer, früher wurde hier Bier gebraut.

Auf dem Rathausmarkt gerät man vor der mit Allegorie-Figuren umwerfend verzierten Rathausfassade ins Schwärmen. Das Innere des Gebäudes, eines der größten Rathäuser Deutschlands, präsentiert mit dem Oberen Gewandhaus, einer ehemaligen Verkaufshalle aus dem 13. Jahrhundert, den Deckenmalereien in der Gerichtslaube und der feinen Schnitzkunst in der Großen Ratsstube aus dem 14. Jahrhundert 700 Jahre Bau- und Kunstgeschichte.

Am Stintmarkt tummelt sich das Leben in Cafés und Restaurants. Früher wurde hier am historischen Hafen Fisch gehandelt, im Alten Kaufhaus lagerte Hering in Salz. Mit einem Tretkran wurden im Mittelalter Waren gelöscht. Der derzeitige Kran wurde nach alten Plänen 1797 gebaut, seine Laufräder im begehbaren Inneren sind intakt. Weiter nördlich steht links in der Salzstraße am Wasser der ehemalige Salzspeicher, in dem das kostbare Gut aus der Saline lagerte.

Eine der Schattenseiten des Salzes zeigt sich im sogenannten Senkungsgebiet in der westlichen

Am Stintmarkt geht's auch heute noch geschäftig her

Altstadt, wo die Gässchen mit den kleineren Traufenhäusern und den Rosenstauden sehr malerisch sind. Aufgrund der Erdabsenkung über dem Salzstock sind einige der Gebäude abgesackt oder mussten im Laufe der Jahrhunderte abgerissen werden. Das traf allein die (nicht mehr existente) Kirche am Marienplatz dreimal, da man sie unermüdlich immer wieder neu errichtete. Heute beobachtet man die Erdbewegungen sehr genau, um schnell reagieren zu können. Die Lüneburger lassen sich davon nicht beunruhigen. Das bunte Leben auf den Plätzen und Straßen läuft weiter.

Deutsches Salzmuseum

Dem Salz auf die Spur kommen kann man im Deutschen Salzmuseum, das im ehemaligen Salzwerk eine interessante Ausstellung rund um das Kulturgut eingerichtet hat.
Sülfmeisterstraße 1 |
www.salzmuseum.de

Salztherme Lüneburg

In der Salztherme Lüneburg erleben Sie die Sole hautnah. Mit verschiedenen Wellnessangeboten, Wellenbecken und Black-Hole-Rutsche.
Uelzener Straße 1–5 |
www.salue.info

50 Mölln

Wo Till Eulenspiegel weiterlebt

Steinreich wollte Till Eulenspiegel Ratsherren, Kirche und Freunde machen, so sein Vermächtnis, das er auf dem Sterbebett im hiesigen Heilig-Geist-Hospital 1350 gemacht haben soll. Am Ende ist den gebeutelten Möllnern außer einer Kiste voller Steine nichts geblieben. Fast nichts. Denn der Narr lockt posthum viele Interessierte in die malerischen Gassen der alten Stadt. Auf dem Kirchberg soll er begraben sein. Eulenspiegelbrunnen und Museum sind ihm gewidmet, ja sogar ein leibhaftiges Double belustigt die Menschen, die um Markt und Mühlengraben die gemütliche und über 800 Jahre alte Stadt inmitten des Naturparks Lauenburgische Seen zwischen Hamburg und Lübeck entdecken.

Das historische Rathaus von 1373 am Markt neben dem Eulenspiegelbrunnen (heute Stadtmuseum) ist ein imposantes Zeugnis der repräsentativen Backsteingotik der Zeit, als Handel, Handwerk und Schifffahrt die Stadt erblühen ließen. Und in der St.-Nicolai-Kirche kann man das Orgelmeisterwerk (1558) von Jacob Scherer bewundern. 162 Pfeifen sind original erhalten.

Seit 1970 ist Mölln Kneippkurort. Im denkmalgeschützten Kurpark findet auf überwältigenden 40 000 Quadratmetern unter anderem mit Wasserspielen, Rosen-, Rhododendron-, Japangarten, Kneipptretbecken, Minigolf und Lesegarten wirklich jeder etwas. Eine willkommene Erholung nach dem Bummel durch die Haupt- und Nebenstraßen mit kleinen Boutiquen, Kunsthandwerksläden und Delikatessläden. Umgeben von Seen bietet Mölln darüber hinaus viel Wassergenuss.

Bahn

- Bahnhof Mölln
- RE alle 60 Min. ab Büchen (ab Hamburg Hbf mit Umsteigen in Büchen 60 Min.)

Auto

- 51 km, ca. 45 Min..

Nicht verpassen

- Dem Geheimnis um den Narren im Eulenspiegel-Museum näherkommen. *Marktstraße 2*
- Am Stadtseeanleger ein Ruderboot ausleihen. *www.schiffundboot.de*
- Am idyllischen Lütauer See am Nordufer ins Wasser springen

Glück garantiert Till denjenigen, die ihn an Schuhspitze und Daumen berühren

51

Neustadt-Glewe

Pure Burgromantik

Was für eine Bilderbuchburg – und das im hohen Norden. Hier hätte Rapunzel es sich gut einrichten können, ohne ihr Haar strapazieren zu müssen, damit ein Prinz sie rettet. Vom alles überragenden Bergfried der ältesten erhaltenen Wehrburg Mecklenburgs liegen einem die pittoreske Altstadt Neustadt-Glewes und die Elde zu Füßen.

Die heutige Anlage mit Wehrturm, Neuem Haus und Altem Haus geht in ihren Ursprüngen auf ca. 1300 zurück. Aber wohl schon Mitte des 12. Jahrhunderts errichteten die Sachsen unter Heinrich dem Löwen hier eine Befestigung – mitten auf einer Dünenerhebung umgeben von zwei Eldearmen, die einen natürlichen Wallgraben bildeten. Ein Rest davon ist der Burgteich, auf dem heute Seerosen blühen und Enten schwimmen.

Wehr- und Wachraum, Doppelschießscharten, Verlies und Abort-Erker, all das ist im Turm noch vorhanden. Das Alte Haus diente als Wirtschaftsgebäude. Im Neuen Haus, in dem sich die Gemächer des Herzogs befanden, fasziniert ein Bilderfries aus dem 16. Jahrhundert. Die Jagdszenen in Grautonmalerei wirken wie Fresken, die Tiere wie eben hineingesprungen ins Gemälde, so lebensnah sind die Renaissancemalereien. Dass hier auf Älteres aufgebaut wurde, beweist die Warmluftheizung aus dem 15. Jahrhundert.

Nach der Burgeroberung lässt es sich gemütlich über Kopfsteinpflaster durch kleine Gassen entlang hübscher Fachwerkhäuser und zum Neuen Schloss (heute Hotel) schlendern, einem stattlichen Bau im Stil niederländischer Spätrenaissance.

Bahn

- Bahnhof Neustadt-Glewe
- RB alle 120 Min. ab Ludwigslust (ab Hamburg Hbf mit Umsteigen in Ludwigslust 77–83 Min.)

Auto

- 117 km, ca. 69 Min.

Nicht verpassen

- Am Bootshafen ein Kajak ausleihen und auf der Elde schippern. Neustadt-Glewe ist Station an der Müritz-Elbe-Wasserstraße. *www.bootshafen-lewitz.de/Startseite/Kanuverleih*
- Im Burgrestaurant bei einer herrlichen Erfrischung aus dem Burgenleben auftauchen

Früher führten nur zwei Brücken zur Burg

52 Ratzeburg

Leidenschaft Wasser

Die 950-jährige Domstadt im Herzogtum Lauenburg ist ein hervorragendes Ausflugsziel, um Kultur und Natur miteinander zu verbinden. Nur über drei Dämme ist die Altstadt mit dem Festland verbunden. Das macht ihre Lage an Großem und Kleinem Küchensee, Domsee und Ratzeburger See so reizvoll. Rad- und Wanderwege führen um die Seen, Segler, Kanuten, Surfer erobern sich das Wasser. Die Ruderakademie bringt regelmäßig Weltmeister und erfolgreiche Olympioniken hervor.

Bereits der junge Ernst Barlach, der einige Jahre in Ratzeburg lebte, genoss die Lage des heutigen Luftkurorts und ließ sich später neben seinen Eltern hier begraben. Dem Künstler wurde der „Barlachblick“ gewidmet, ein Aussichtsplatz beim Rathaus (Barlachs früherer Schule), von dem aus heute noch das Panorama auf Ratzeburger See und Altstadt mit dem Dom von 1220 begeistert. Kanonen, Erdwälle und Fundamentreste erinnern hier an die Festung, die Ende des 17. Jahrhunderts anstelle des Schlosses errichtet wurde und postwendend (1693) von den benachbarten Dänen in Holstein vernichtet wurde – zusammen mit der gesamten Stadt.

Nur der Dom blieb mit wenig anderem stehen. Er ist der älteste Backsteindom Norddeutschlands sowie mit Kreuzgang und Kloster einer der schönsten erhaltenen Zeugnisse der Backsteinromanik im Norden. Im Innern stehen der filigran gestaltete Chor und die Renaissancekanzel mit detailliert geschnitzten Figuren. Ebenfalls aus Backstein wurde die Stadt schachbrettartig um den Markt neu errichtet – heute eine Schatzinsel eingebettet in vier Seen.

Bahn

- Bahnhof Ratzeburg
- RE alle 60 Min. ab Büchen (ab Hamburg Hbf mit Umsteigen in Büchen 68 Min.)

Auto

- 61 km, ca. 55 Min.

Nicht verpassen

- Im Tretboot auf den Seen schippern
  Segelschule Morgenroth | Am Jägerdenkmal 1 | www.schaalsee-canu-salem.de
- Die multimediale Ausstellung *Barlach reloaded* besuchen
  Barlachplatz 3 | www.barlach2020.com

Auf dem Wasserfahrrad lässt sich die Altstadtinsel sportlich umrunden

Im Dom zeigt ein Westfenster Heinrich den Löwen, Gründer des Bistums, mit Ehefrau

53 Salzwedel

Hansestadt an der Jeetze

Burggarten, Stadttore, Stadtmauer – bei einem Bummel durch die pittoreske mittelalterliche Fachwerkstadt im Norden Sachsen-Anhalts läuft die Geschichte immer mit. Salzwedel war im Mittelalter komplett von einer drei Kilometer langen Stadtmauer umschlossen. Vier Tore gewährten Ein-und Auslass.

Hinter den Mauern befanden sich bis 1713 zwei Städte: die Altstadt Salzwedel und im Nordosten die Neustadt. Ein Gutteil der auf zwei Kilometer noch erhaltenen Wehrmauer lässt sich bei einem Spaziergang erkunden. Besonders beeindruckend ist das Neuperver Tor, das durch seine schöne Backsteingotik begeistert. Im Burggarten, heute eine öffentliche Parkanlage, stehen mit dem Bergfried und Teilen der Wehrmauer noch die Überreste der mächtigen Burganlage.

Vom Burggarten ist es über die Fußgängerzone nur einen Katzensprung zum Rathausturmplatz, in dessen Mitte der moderne Hanse-Wellen-Brunnen das Flair des Platzes mit dem Fachwerk drum herum herrlich untermalt.

Fast 200 Jahre war Salzwedel Mitglied der Hanse, und der Wohlstand prägte das Stadtbild. Eine Ausstellung im Johann-Friedrich-Danneil-Museum beleuchtet die Stadt- und Regionalgeschichte. Besonderes Highlight sind die Salzwedeler Madonna und der Weinbergaltar von Lucas Cranach dem Jüngeren. Außerdem geht das Museum auf die Ursprünge der Baumkuchenherstellung ein, *der* Salzwedeler Spezialität schlechthin. Danach kann es eigentlich nur noch eines geben – ab in die nächste Konditorei!

Bahn

- Bahnhof Salzwedel
- RE alle 120 Min. ab Uelzen (ab Hamburg Hbf mit Umsteigen in Uelzen 97 Min.)

Auto

- 137 km, ca. 115 Min.

Nicht verpassen

- Baumkuchen aus einer der Manufakturen für zu Hause mitbringen
- Sich im Danneil-Museum umschauen. Das Haus allein, ein Fachwerkgebäude mit Treppenturm, ist schon eine Besichtigung wert. Es handelt sich um eine alte Propstei aus dem späten 16. Jahrhundert. *An der Marienkirche 3*

Salzwedels Wohnidyll begeistert auf vielen Wegen durch die Altstadt

Schönes Fachwerk prägt noch immer die Stadt

54

Schwerin

Stolze Schönheit am See

Als die Mecklenburger Herzöge 1837 nach einem Intermezzo in Ludwigslust zurück in die ehemalige Residenzstadt Schwerin zogen, weckten sie Schloss und Stadt aus einem über 70 Jahre währenden Dornröschenschlaf. Zwanzig Jahre später präsentierte sich das Schloss im neuen Outfit im Stil der Neorenaissance. Neue Parks wurden angelegt, alte wie der Schlosspark erweitert, Palais, Hofgebäude und Bürgerhäuser errichtet und der Pfaffenteich gestaltet.

Im heutigen Regierungsviertel strahlen mit ihren Giebeln, Portalen, Freitreppen und Säulen die klassizistischen Bauten wie Marstall, Kollegienhaus, Staatliches Museum und Mecklenburgisches Staatstheater würdig um die Wette, während auf der vorgelagerten Insel im Schweriner See das Schloss mit Türmchen und golden glänzenden Spitzen wie einem Walt-Disney-Film entsprungen anmutet.

Die Umgestaltung schloss ältere Elemente der Anlage mit ein, zum Beispiel die Schlosskirche an der Nordseite (1563). Im 10. Jahrhundert stand hier eine Slawenburg. Heinrich der Löwe vertrieb mit dem Obodriten Niklot den letzten Slawenfürsten und gründete 1160 rund um einen Bischofssitz die Stadt in der Grafschaft Schwerin. Der Kreis schloss sich, als die Herzöge Mecklenburgs, Nachfahren der Obodriten, 1358 die Grafschaft und damit auch die Schlossinsel übernahmen. Dem Vorvater Niklot ist seit Mitte des 19. Jahrhunderts das Reiterstandbild am Schloss gewidmet, während Heinrich der Löwe durch

Bahn

- Bahnhof Schwerin
- IC/ICE mehrmals täglich (ab Hamburg Hbf 52 Min.)
- RE alle 120 Min. (ab Hamburg Hbf 85 Min.)

Auto

- 110 km, ca. 86 Min.

Nicht verpassen

- Im historischen Stadthaus der einstigen Hofkonditorei, dem heutigen Café Prag, großstädtisches Residenzflair bei Torte und Cappuccino erleben. *Schloßstraße 17* | *www.restaurant-cafe-prag.de*
- Durch die nördlich der City gelegene Schelfstadt bummeln. Der Stadtteil wurde ab 1705 in schönem Fachwerkstil errichtet.

Der Schweriner Dom ist das älteste Gebäude der Stadt

einen goldenen Reiter an der Mittelzinne des Rathauses am Altstädter Markt geehrt wird.

Im Inneren sind im Schlossmuseum Jagd- und Prunkwaffen zu sehen, eine Sammlung unter anderem von KPM-Porzellan und eine Silberkammer. Besonders eindrucksvoll sind die Repräsentationsräume und prächtigen Wohnbereiche. Der Thronsaal überwältigt mit vergoldetem Baldachin-Thron, Carrara-Marmor und funkelnden Kronleuchtern. Ein Teil des Schlosses ist als Tagungsort für den Landtag Mecklenburg-Vorpommern reserviert.

Im 25 Hektar großen Schlossgarten geht es an Kreuzkanal, Blumenrabatten, Laubengängen und Skulpturen vorbei, sie geben seit Mitte des 18. Jahrhunderts dem damaligen Lustgarten seine Gestalt und machen in der Tat Lust zum Flanieren. Seit der Bundesgartenschau 2009 ist der städtische Park erweitert um die schwimmende Wiese. Von hier drüben hat man einen fantastischen Blick auf Schloss und Regierungsviertel.

Das Staatliche Museum gilt als eines der wichtigsten Museen in Mecklenburg-Vorpommern und stellt Meister wie Peter Paul Rubens,

Die Seenlandschaft in und um Schwerin ist wunderschön und es gibt viel zu entdecken

Max Liebermann, Lovis Corinth und Marcel Duchamp aus. In einem Neubau wird Zeitgenössisches präsentiert.

In der quirligen Altstadt steht am Altstädter Markt ein auffällig hübsches Säulengebäude. Zurzeit wird es saniert und soll in seiner ursprünglichen Funktion als Markthalle bald wieder das Stadtleben bereichern. Der Dom, dessen Bau 1270 begonnen wurde und bis ins 15. Jahrhundert dauerte, ist mit dreischiffiger Basilika und dreischiffigem Querhaus ein wahrlich beeindruckender Gotteshaus. In strahlendem Weiß erhebt sich das Gewölbe auf 26 Meter. Der Kirchturm, der erst 1893 vollendet wurde, ist der höchste in Mecklenburg.

Von hier ist es nur noch ein Katzensprung zum Pfaffenteich. Mitte des 19. Jahrhunderts wurde mit Freitreppe, einem Wegenetz am Ufer und dem Bau hübscher Bürgerhäuser drumherum die Verschönerung der neuen alten Residenz vorangetrieben. Nur zu verständlich, dass Schwerin sich mit diesem Residenzensemble aus Schloss, klassizistischer Innenstadt und Pfaffenteich heute für die Aufnahme in die UNESCO-Welterbeliste bewirbt.

55

Uelzen

Kunstwerk Bahnhof

Es soll Menschen geben, die nur wegen des Bahnhofs nach Uelzen fahren. Zugegeben, er ist ein faszinierender Bau und führt das Prinzip des Bahnhofs als schnelle Durchgangsstätte auf schöne Weise ad absurdum. In diesem begehbaren Kunstwerk gibt es, wohin man auch blickt, Erstaunliches zu entdecken: Auf dem Dach wächst es grün. Alles andere ist bunt und voller fantasievoller Muster: Säulen, Kugeln, Kacheln. Selbst der Gang zur Toilette wird zum Event. Nach Entwürfen des Wiener Künstlers Friedensreich Hundertwasser wurde hier im damals abgewirtschafteten Bahnhofsbau von 1888 ein wunderbares Denkmal geschaffen, wo das Runde ins Eckige passt.

Es wäre jedoch schade, gleich wieder zu fahren. Denn Uelzen lädt in seiner verkehrsberuhigten Fachwerk-Innenstadt mit Twieten und Fußgängerzonen zum Bummeln ein.

Die Stadt an der Ilmenau florierte vor allem mit Braukunst, Tuchmacherei und Töpferei. 1374 trat Uelzen der Hanse bei. Am Schnellenmarkt (Schnellen=Trinkgefäße) fanden die Töpfermärkte statt, heute erinnert der moderne Schnellenbrunnen daran. In der St.-Marien-Kirche steht ein beeindruckendes Zeugnis dieser Zeit: eine mit Halbedelsteinen besetzte Hansekogge aus vergoldetem Kupferblech, das eigentliche Wahrzeichen der Stadt. Um die Kirche stehen mit der Ratsweinhandlung, der Probstei, dem Alten Rathaus und einer Fachwerkzeile zahlreiche historische Gebäude, deren Fassaden mit Schnitzereien und Malereien sehr sehenswert sind.

Und wenn man am Ende seiner Tour unter Platanen am Ratsteich sitzt und dem Rauschen des Schleusenwasserfalls der Ilmenau lauscht, freut man sich, geblieben zu sein.

Bahn

- Bahnhof Uelzen
- RE alle 60 Min. (ab Hamburg Hbf 59 Min.)

Auto

- 93 km, ca. 75 Min.

Nicht verpassen

- Im Café Samocca im Alten Rathaus im Genuss der Himbeer-White-Chocolate-Torte schwelgen. *Veerßer Straße 2 | www.samocca-uelzen.de*
- *Natürlich* – Im Laden im Bahnhof stöbern und witzige Geschenke aus Naturmaterialien entdecken *www.natuerlich-uelzen.de*

Nachhaltigkeit steht ganz oben: Am Uelzener Bahnhof wächst Natur auf dem Dach

Liebe Leserinnen und Leser,

alle Angaben in diesem Reiseführer sind gewissenhaft geprüft. Trotz gründlicher Recherche unserer Autorinnen und Autoren können sich manchmal Fehler einschleichen. Wir bitten um Verständnis, dass der Verlag dafür keine Haftung übernehmen kann. Über Hinweise, Berichtigungen und Ergänzungsvorschläge freuen wir uns jederzeit:

via reise verlag
Lehderstraße 16–19
13086 Berlin
E-mail: post@viareise.de
www.viareise.de

1. Auflage, Berlin 2021

ISBN 978-3-949138-00-3

Text & Recherche
Nadia Al Kureischi

Redaktion
Janna Menke

Layout & Gestaltung
Katharina Arlt, Annelie Krupicka

Cover-Gestaltung
Nino Arndt, Katharina Arlt, Annelie Krupicka

Umschlagkarte vorn
Tanja Onken, Annelie Krupicka

Umschlagkarte hinten
Annelie Krupicka

Druck
Druckhaus Sportflieger, Berlin

FSC www.fsc.org MIX Papier aus verantwortungsvollen Quellen FSC® C104586

Fotos
a_medvedkov/stock.adobe.com 138–139; ajlatan/stock.adobe.com 13 u.; André Franke/stock.adobe.com 107 u.; Andrea/stock.adobe.com 61 o.; © Andreas Bock 55 o.; Andreas Krumwiede/Shutterstock.com 4, 35 u.; Andreas/stock.adobe.com 15 o.; artfocus/stock.adobe.com 99 u.; ArTo/stock.adobe.com 121 u., 135 o.+u.; Bergringfoto/stock.adobe.com 123 o.; © Bezirksamt Hamburg-Mitte 55 u.; © Caja Messerschmidt 15 u.; Calado/stock.adobe.com 52–53; Carl-Jürgen Bautsch/stock.adobe.com 72–73, 105 o.+u.; Christin Drühl 137; Elke Hötzel/stock.adobe.com 121 o.; embeki/stock.adobe.com 93 o.; eyewave/stock.adobe.com 43 u., 119; FLMK 27 o.+u.; Florian Kunde/stock.adobe.com 91; foto-select/stock.adobe.com 9, 33 o., 41 o.+u.; Gabriele Rohde/stock.adobe.com 63 u.; Gemeinfrei 23 u., 44–45, 65 o., 115 o., 123 u.; geogif/Shutterstock.com 141; Gerhard1302/stock.adobe.com 68–69; globetrotter1/stock.adobe.com 109; hanseat/stock.adobe.com 67 u., 95; Jan/stock.adobe.com 29 u.; Janina Dierks/stock.adobe.com 19; Judith Höppner 47 o.; Juliane Marquardt/stock.adobe.com 125 u.; Jürgen Wackenhut/stock.adobe.com 87 o.; © Lars Gerhardts/HMTG 117 u.; Lena Gerke 75 o.+u., 87 u.; © Lisa Iwon/ArcheWarder 59 o.+u.; © Lüneburger Heide GmbH/Dominik Ketz 113 o.+u.; Majka Gerke 81 u.; Marc Venema/Shutterstock.com 65 u.; Maren Konitzer/stock.adobe.com 37; Michael/stock.adobe.com 85 o.; MP_Foto/Shutterstock.com 78–79; mstein/stock.adobe.com 101; Nadia Al Kureischi 51; Nick Herbold/PIXELIO 23 o.; nikolpetr/Shutterstock.com 77 u.; Oliver Hoffmann/Shutterstock.com 71; penofoto.de/stock.adobe.com 77 o.; photofranz56/stock.adobe.com 81 o.; pitsch22/stock.adobe.com 125 o.; powell83/stock.adobe.com 21; rainerkerber/stock.adobe.com 31; Ralf Gosch/Shutterstock.com 56–57; reichdernatur/stock.adobe.com 89 o.; © Rosi Radecke/Herrenhäuser Gärten 117 o.; Sabine Schrader 25, 47 u., 129, 133 o.+u.; SEB - www.sebfoto.de/stock.adobe.com 131; sehbaer_nrw/stock.adobe.com 96–97; Sina Ettmer Photography/Shutterstock.com 35 o.; Sina Ettmer/stock.adobe.com 89 u., 99 o., 102–103, 110–111, 115 u., 126–127; spql/stock.adobe.com 82–83; © Stadt Neumünster 85 u.; Stephan Schlachter/Shutterstock.com 43 o.; © Stiftung Wasserkunst Elbinsel Kaltehofe 49; Sven Petersen/stock.adobe.com 29 o.; © Svenja Furken 11 o.+u.; sweasy/stock.adobe.com 63 o., 67 o.; toedti2000/PIXELIO 61 u.; © Tourist-Information Geesthacht 17 o.+u.; Udo Kruse/stock.adobe.com 6–7, 39, 93 u., 107 o.; Uwe Rosenboo/Altes Land/CC-BY-3.0/bearb. 13 o.; © Wildpark Schwarze Berge 33 u.

Umschlagklappe vorn
© Lüneburger Heide GmbH/Dominik Ketz